사고력 수학 소마가 개발한 연산학습의 새 기준!!

소마의 **마**술같은 원리**셈**

C3
3학년

수학이 즐거워지는 특별한 수학교실
소마에서 개발한 연산교재 소마셈

소마셈

2002년 대치소마 개원 이후로 끊임없는 교재 연구와 교구의 개발은 소마의 자랑이자 자부심입니다. 교구, 게임, 토론 등의 다양한 활동식 수업으로 스스로 문제해결능력을 키우고, 아이들이 수학에 대한 흥미와 자신감을 가질 수 있도록 차별성 있는 수업을 해 온 소마에서 연산 학습의 새로운 패러다임을 제시합니다.

연산 교육의 현실

연산 교육의 가장 큰 폐해는 '초등 고학년 때 연산이 빠르지 않으면 고생한다.'는 기존 연산 학습지의 왜곡된 마케팅으로 인해 단순 반복을 통한 기계적 연산을 강조하는 것입니다. 하지만, 기계적 반복을 위주로 하는 연산은 개념과 원리가 빠진 연산 학습으로써 아이들이 수학을 싫어하게 만들 뿐 아니라 사고의 확장을 막는 학습방법입니다.

초등수학 교과과정과 연산

초등교육과정에서는 문자와 기호를 사용하지 않고 말로 풀어서 연산의 개념과 원리를 설명하다가 중등교육과정부터 문자와 기호를 사용합니다. 교과서를 살펴보면 모든 연산의 도입에 원리가 잘 설명되어 있습니다. 요즘 현실에서는 연산의 원리를 묻는 서술형 문제도 많이 출제되고 있는데 연산은 연습이 우선이라는 인식이 아직도 지배적입니다.

연산 학습은 어떻게?

연산 교육은 별도로 떼어내어 추상적인 숫자나 기호만 가지고 다뤄서는 절대로 안됩니다. 구체물을 가지고 생각하고 이해한 후, 연산 연습을 하는 것이 필요합니다. 또한, 속도보다 정확성을 위주로 학습하여 실수를 극복할 수 있는 좋은 습관을 갖추는 데에 초점을 맞춰야 합니다.

소마셈 연산학습 방법

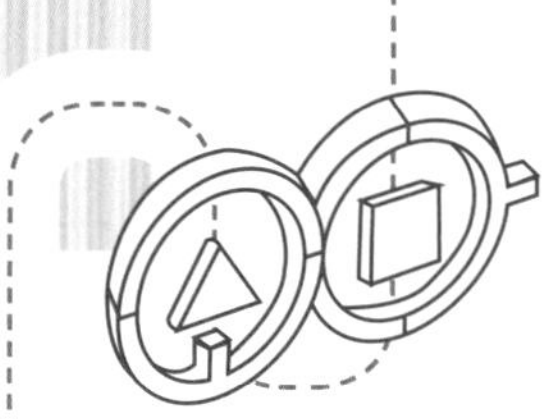

10이 넘는 한 자리 덧셈 구체물을 통한 개념의 이해

덧셈과 뺄셈의 기본은 수를 세는 데에 있습니다. 8+4는 8에서 1씩 4번을 더 센 것이라는 개념이 중요합니다. 10의 보수를 이용한 받아 올림을 생각하면 8+4는 (8+2)+2지만 연산 공부를 시작할 때에는 덧셈의 기본 개념에 충실한 것이 좋습니다. 이 책은 구체물을 통해 개념을 이해할 수 있도록 구체적인 예를 든 연산 문제로 구성하였습니다.

가로셈 가로셈을 통한 수에 대한 사고력 기르기

세로셈이 잘못된 방법은 아니지만 연산의 원리는 잊고 받아 올림한 숫자는 어디에 적어야 하는지만을 기억하여 마치 공식처럼 풀게 합니다. 기계적으로 반복하는 연습은 생각없이 연산을 하게 만듭니다. 가로셈을 통해 원리를 생각하고 수를 쪼개고 붙이는 등의 과정에서 키워질 수 있는 수에 대한 사고력도 매우 중요합니다.

곱셈구구 곱셈도 개념 이해를 바탕으로

곱셈구구는 암기에만 초점을 맞추면 부작용이 큽니다. 곱셈은 덧셈을 압축한 것이라는 원리를 이해하며 구구단을 외움으로써 연산을 빨리 할 수 있다는 것을 알게 해야 합니다. 곱셈구구를 외우는 것도 중요하지만 곱셈의 의미를 정확하게 아는 것이 더 중요합니다. 4×3을 할 줄 아는 학생이 두 자리 곱하기 한 자리는 안 배워서 45×3을 못 한다고 말하는 일은 없도록 해야 합니다.

K단계 (5, 6, 7세) • 연산을 시작하는 단계

뛰어세기, 거꾸로 뛰어세기를 통해 수의 연속한 성질(linearity)을 이해하고 덧셈, 뺄셈을 공부합니다. 각 권의 호흡은 짧지만 일관성 있는 접근으로 자연스럽게 나선형식 반복학습의 효과가 있도록 하였습니다.

학습대상 : 연산을 시작하는 아이와 한 자리 수 덧셈을 구체물(손가락 등)을 이용하여 해결하는 아이

학습목표 : 수와 연산의 튼튼한 기초 만들기

P단계 (7세, 1학년) • 받아올림이 있는 덧셈, 뺄셈을 배울 준비를 하는 단계

5, 6, 9 뛰어세기를 공부하면서 10을 이용한 더하기, 빼기의 편리함을 알도록 한 후, 가르기와 모으기의 집중학습으로 보수 익히기, 10의 보수를 이용한 덧셈, 뺄셈의 원리를 공부합니다.

학습대상 : 받아올림이 없는 한 자리 수의 덧셈을 할 줄 아는 학생

학습목표 : 받아올림이 있는 연산의 토대 만들기

A단계 (1학년) • 초등학교 1학년 교과과정 연산

받아올림이 있는 한 자리 수의 덧셈, 뺄셈은 연산 전체에 매우 중요한 단계입니다. 원리를 정확하게 알고 A1에서 A4까지 총 4권에서 한 자리 수의 연산을 다양한 과정으로 연습하도록 하였습니다.

학습대상 : 초등학교 1학년 수학교과과정을 공부하는 학생

학습목표 : 10의 보수를 이용한 받아올림이 있는 덧셈, 뺄셈

B단계 (2학년) • 초등학교 2학년 교과과정 연산

두 자리, 세 자리 수의 연산을 다룬 후 곱셈, 나눗셈을 다루는 과정에서 곱셈구구의 암기를 확인하기보다는 곱셈구구를 외우는데 도움이 되고, 곱셈, 나눗셈의 원리를 확장하여 사고할 수 있도록 하는데 초점을 맞추었습니다.

학습대상 : 초등학교 2학년 수학교과과정을 공부하는 학생

학습목표 : 덧셈, 뺄셈의 완성 / 곱셈, 나눗셈의 원리를 정확하게 알고 개념 확장

C단계 (3학년) • 초등학교 3, 4학년 교과과정 연산

B단계까지의 소마셈은 다양한 문제를 통해서 학생들이 즐겁게 연산을 공부하고 원리를 정확하게 알게 하는데 초점을 맞추었다면, C단계는 3학년 과정의 큰 수의 연산과 4학년 과정의 혼합 계산, 괄호를 사용한 식 등, 필수 연산의 연습을 충실히 할 수 있도록 하였습니다.

학습대상 : 초등학교 3, 4학년 수학교과과정을 공부하는 학생

학습목표 : 큰 수의 곱셈과 나눗셈, 혼합 계산

D단계 (4학년) • 초등학교 4, 5학년 교과과정 연산

분모가 같은 분수의 덧셈과 뺄셈, 소수의 덧셈과 뺄셈을 공부하여 초등 4학년 과정 연산을 마무리하고 초등 5학년 연산과정에서 가장 중요한 약수와 배수, 분모가 다른 분수의 덧셈과 뺄셈을 충분히 익힐 수 있도록 하였습니다.

학습대상 : 초등학교 4, 5학년 수학교과과정을 공부하는 학생

학습목표 : 분모가 같은 분수의 덧셈과 뺄셈, 소수의 덧셈과 뺄셈, 분모가 다른 분수의 덧셈과 뺄셈

소마셈 단계별 학습내용

K단계 추천연령 : 5, 6, 7세

단계	K1	K2	K3	K4
권별 주제	10까지의 더하기와 빼기 1	20까지의 더하기와 빼기 1	10까지의 더하기와 빼기 2	20까지의 더하기와 빼기 2
단계	K5	K6	K7	K8
권별 주제	10까지의 더하기와 빼기 3	20까지의 더하기와 빼기 3	20까지의 더하기와 빼기 4	7까지의 가르기와 모으기

P단계 추천연령 : 7세, 1학년

단계	P1	P2	P3	P4
권별 주제	30까지의 더하기와 빼기 5	30까지의 더하기와 빼기 6	30까지의 더하기와 빼기 10	30까지의 더하기와 빼기 9
단계	P5	P6	P7	P8
권별 주제	9까지의 가르기와 모으기	10 가르기와 모으기	10을 이용한 더하기	10을 이용한 빼기

A단계 추천연령 : 1학년

단계	A1	A2	A3	A4
권별 주제	덧셈구구	뺄셈구구	세 수의 덧셈과 뺄셈	□가 있는 덧셈과 뺄셈
단계	A5	A6	A7	A8
권별 주제	(두 자리 수)+(한 자리 수)	(두 자리 수)−(한 자리 수)	두 자리 수의 덧셈과 뺄셈	□가 있는 두 자리 수의 덧셈과 뺄셈

B단계 추천연령 : 2학년

단계	B1	B2	B3	B4
권별 주제	(두 자리 수)+(두 자리 수)	(두 자리 수)−(두 자리 수)	세 자리 수의 덧셈과 뺄셈	덧셈과 뺄셈의 활용
단계	B5	B6	B7	B8
권별 주제	곱셈	곱셈구구	나눗셈	곱셈과 나눗셈의 활용

C단계 추천연령 : 3학년

단계	C1	C2	C3	C4
권별 주제	두 자리 수의 곱셈	두 자리 수의 곱셈과 활용	두 자리 수의 나눗셈	세 자리 수의 나눗셈과 활용
단계	C5	C6	C7	C8
권별 주제	큰 수의 곱셈	큰 수의 나눗셈	혼합 계산	혼합 계산의 활용

D단계 추천연령 : 4학년

단계	D1	D2	D3	D4
권별 주제	분모가 같은 분수의 덧셈과 뺄셈(1)	분모가 같은 분수의 덧셈과 뺄셈(2)	소수의 덧셈과 뺄셈	약수와 배수
단계	D5	D6		
권별 주제	분모가 다른 분수의 덧셈과 뺄셈(1)	분모가 다른 분수의 덧셈과 뺄셈(2)		

1

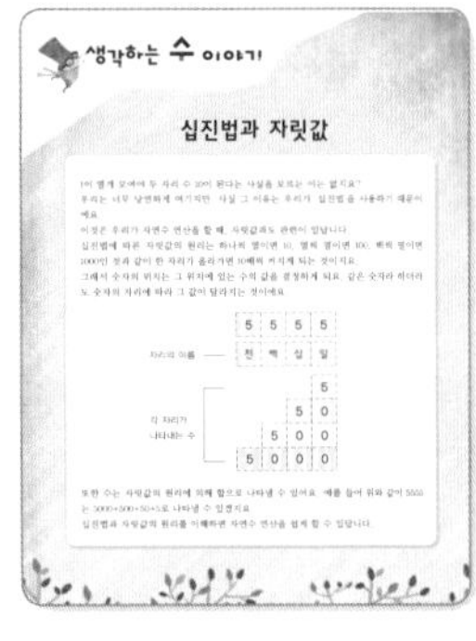

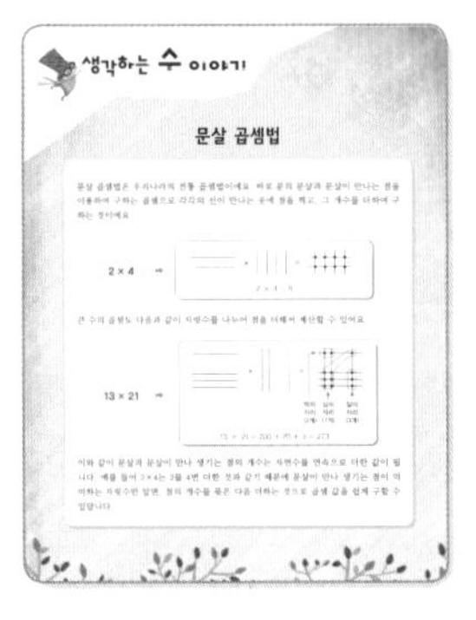

수 이야기

생활 속의 수 이야기를 통해 수와 연산의 이해를 돕습니다. 수의 역사나 재미있는 연산 문제를 접하면서 수학이 재미있는 공부가 되도록 합니다.

2

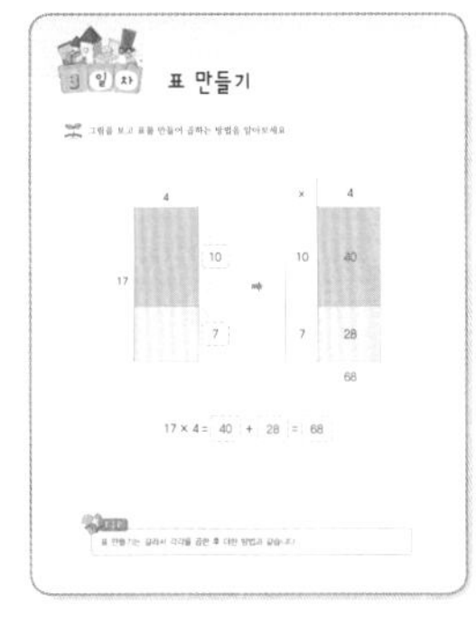

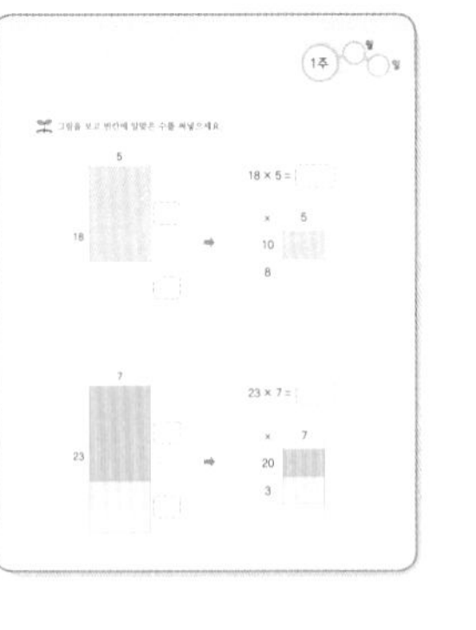

원리

가장 기본적인 연산의 원리를 소개합니다. 이때 다양한 방법을 제시하되 가장 효과적인 방법을 적용할 수 있도록 단계적으로 접근하여 충분한 원리의 이해를 돕습니다.

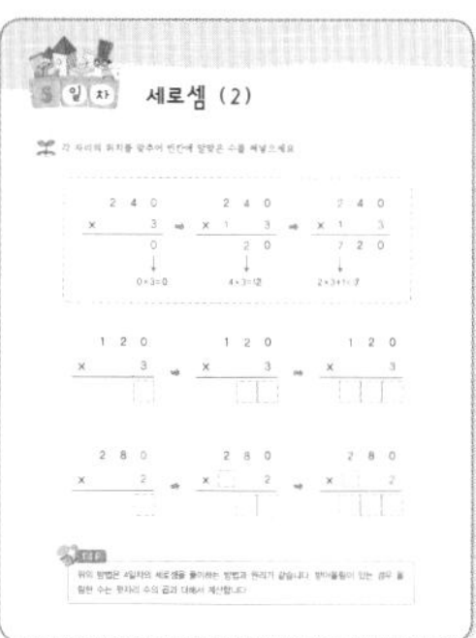

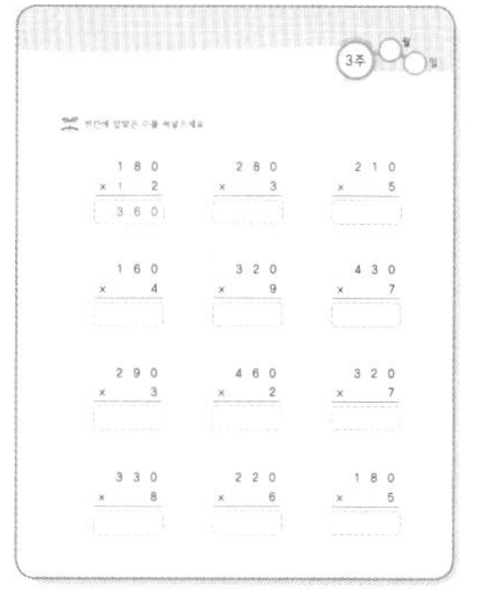

연습

원리의 이해를 바탕으로 연산이 익숙해지도록 연습합니다. 먼저 반복적인 연산 연습 후에 나아가 배운 원리를 활용하여 확장된 문제를 해결합니다.

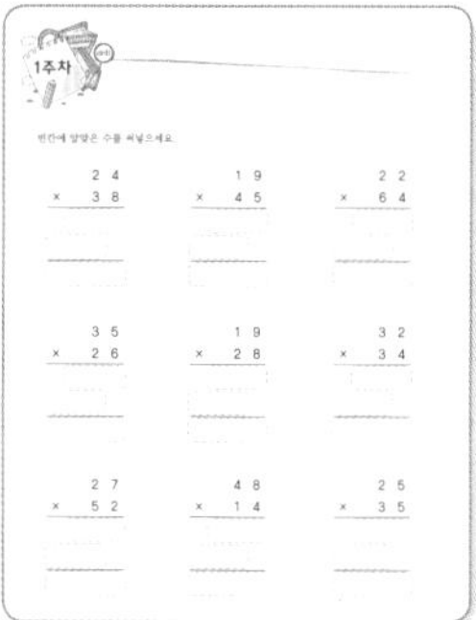

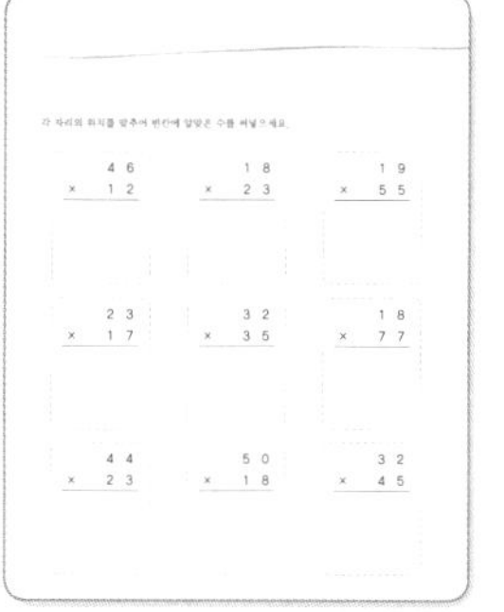

Drill (보충학습)

주차별 주제에 대한 연습이 더 필요한 경우 보충학습을 활용합니다.

TIP 연산과정의 확인이 필수적인 주제는 Drill의 양을 2배로 담았습니다.

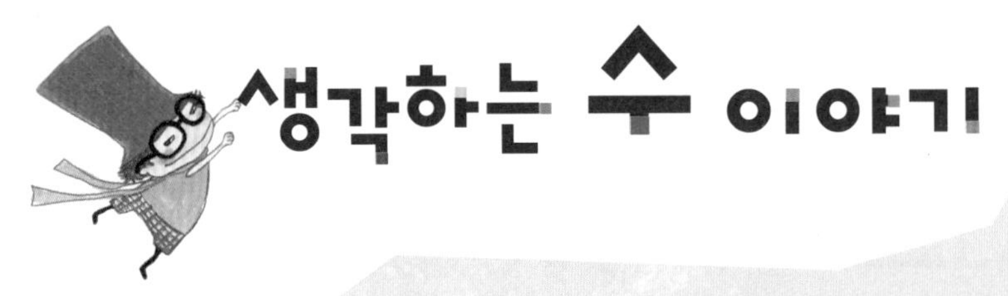

나눗셈 기호는 어떻게 사용하기 시작했을까?

나눗셈은 분수와 가까워요. 나눗셈도 분수와 마찬가지로 '똑같이 나누기'에서 출발했기 때문이에요.
나눗셈 기호 역시 원래 분수에서 비롯된 것이랍니다. 분수는 분자를 분모로 나눈다는 나눗셈을 표현한 것인데, 이것을 그대로 기호로 모양을 바꾼 것이 바로 '÷' 기호가 된 것이지요.

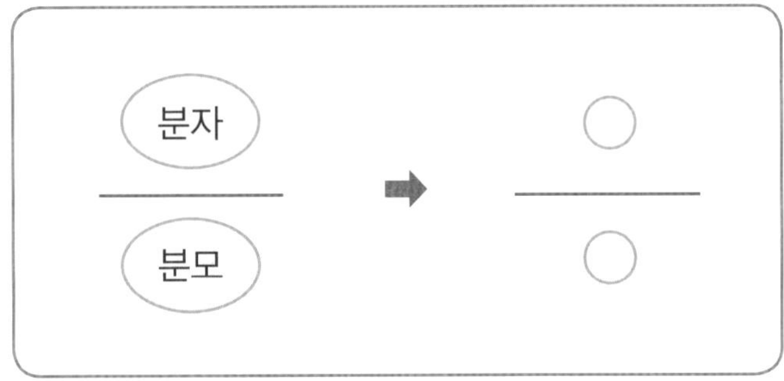

'÷' 기호는 1659년 스위스의 수학자 란(Johann Heinrich Rahn)이 쓴 대수학 책에서 처음 사용되었어요. 나눗셈 기호는 전세계의 공통어가 아니라 우리나라 외에 미국, 영국, 일본에서 사용하고 있고, 다른 나라에서는 나눗셈 기호 대신 분수로 나타내고 있답니다.

소마셈 C3 – 1주차

받아내림이 없는 (두 자리 수)÷(한 자리 수) (1)

나머지가 있는 나눗셈

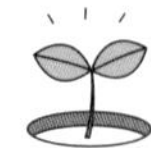

그림을 보고 나머지가 있는 나눗셈을 알아보고, 빈칸에 알맞은 수를 써넣으세요.

구슬 14개를 4개씩 묶으면 3묶음이고, 2개가 남습니다.

몫 나머지

14 ÷ 4 = 3 ··· 2

13 ÷ 5 = ☐ ··· ☐

15 ÷ 7 = ☐ ··· ☐

16 ÷ 3 = ☐ ··· ☐

17 ÷ 6 = ☐ ··· ☐

TIP

나머지는 항상 나누는 수보다 작습니다. 나머지가 나누는 수보다 크면 더 나눌 수 있다는 뜻이므로 나머지는 나누는 수보다 항상 작아지게 됩니다.

빈칸에 알맞은 수를 써넣으세요.

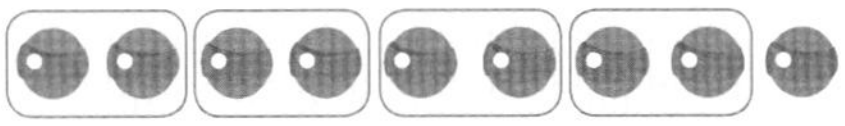

$9 \div 2 = \square \cdots \square$

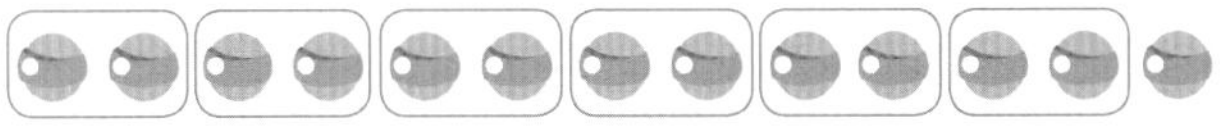

$13 \div 2 = \square \cdots \square$

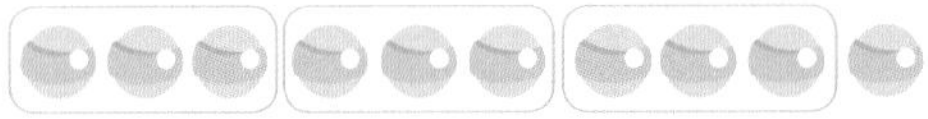

$10 \div 3 = \square \cdots \square$

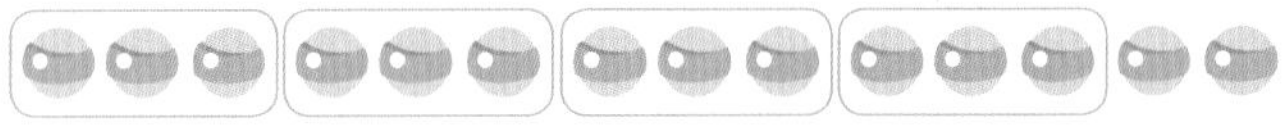

$14 \div 3 = \square \cdots \square$

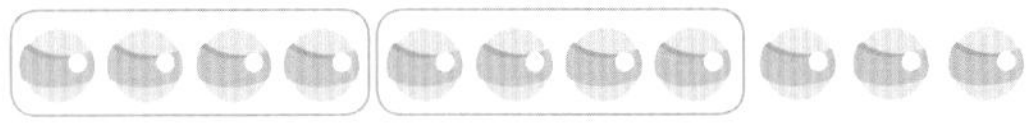

$11 \div 4 = \square \cdots \square$

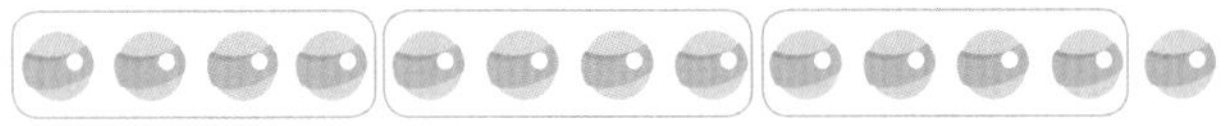

$13 \div 4 = \square \cdots \square$

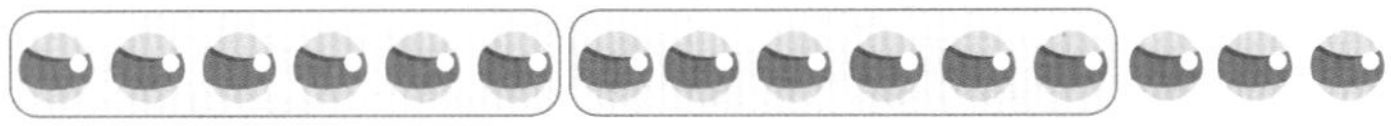

$15 \div 6 = \square \cdots \square$

나머지가 있는 2~5의 단 나눗셈

곱셈구구를 이용하여 나머지가 있는 나눗셈을 하는 방법을 알아보고, 빈칸에 알맞은 수를 써넣으세요.

13 ÷ 2 = [6] … [1]

2 × 5 = 10
2 × 6 = 12
2 × 7 = 14

14 ÷ 3 = [ ] … [ ]

3 × 3 = 9
3 × 4 = 12
3 × 5 = 15

15 ÷ 4 = [ ] … [ ]

4 × 2 = 8
4 × 3 = 12
4 × 4 = 16

12 ÷ 5 = [ ] … [ ]

5 × 1 = 5
5 × 2 = 10
5 × 3 = 15

TIP

위의 13÷2와 같은 경우, 2의 단 곱셈구구에서 13보다 작은 수 중 가장 큰 수가 나오는 경우 (2×6=12)에서 몫이 6이 되고, 남은 수 1이(13−12=1) 나머지가 됩니다.

 빈칸에 알맞은 수를 써넣으세요.

(2×4=8) (9−8=1)

9 ÷ 2 = [4] ⋯ [1]

25 ÷ 4 = [ ] ⋯ [ ]

13 ÷ 3 = [ ] ⋯ [ ]

19 ÷ 3 = [ ] ⋯ [ ]

17 ÷ 4 = [ ] ⋯ [ ]

30 ÷ 4 = [ ] ⋯ [ ]

18 ÷ 5 = [ ] ⋯ [ ]

17 ÷ 2 = [ ] ⋯ [ ]

32 ÷ 5 = [ ] ⋯ [ ]

15 ÷ 2 = [ ] ⋯ [ ]

23 ÷ 4 = [ ] ⋯ [ ]

22 ÷ 3 = [ ] ⋯ [ ]

빈칸에 알맞은 수를 써넣으세요.

(5×3=15) (17−15=2)

17 ÷ 5 = [3] … [2]

20 ÷ 3 = [ ] … [ ]

14 ÷ 4 = [ ] … [ ]

18 ÷ 4 = [ ] … [ ]

16 ÷ 3 = [ ] … [ ]

28 ÷ 5 = [ ] … [ ]

36 ÷ 5 = [ ] … [ ]

16 ÷ 3 = [ ] … [ ]

24 ÷ 5 = [ ] … [ ]

13 ÷ 2 = [ ] … [ ]

33 ÷ 4 = [ ] … [ ]

29 ÷ 3 = [ ] … [ ]

나머지가 있는 6~9의 단 나눗셈

곱셈구구를 이용하여 나머지가 있는 나눗셈을 하는 방법을 알아보고, 빈칸에 알맞은 수를 써넣으세요.

20 ÷ 6 = 3 ··· 2

6 × 2 = 12
6 × 3 = 18
6 × 4 = 24

22 ÷ 7 = ☐ ··· ☐

7 × 2 = 14
7 × 3 = 21
7 × 4 = 28

20 ÷ 8 = ☐ ··· ☐

8 × 1 = 8
8 × 2 = 16
8 × 3 = 24

39 ÷ 9 = ☐ ··· ☐

9 × 3 = 27
9 × 4 = 36
9 × 5 = 45

TIP

위의 20÷6과 같은 경우, 6의 단 곱셈구구에서 20보다 작은 수 중 가장 큰 수가 나오는 경우 (6×3=18)에서 몫이 3이 되고, 남은 수 2가(20−18=2) 나머지가 됩니다.

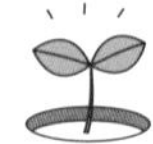 빈칸에 알맞은 수를 써넣으세요.

(6×4=24) (25−24=1)

25 ÷ 6 = [4] ··· [1]

17 ÷ 8 = [ ] ··· [ ]

16 ÷ 7 = [ ] ··· [ ]

20 ÷ 9 = [ ] ··· [ ]

24 ÷ 7 = [ ] ··· [ ]

28 ÷ 8 = [ ] ··· [ ]

37 ÷ 8 = [ ] ··· [ ]

50 ÷ 9 = [ ] ··· [ ]

39 ÷ 6 = [ ] ··· [ ]

27 ÷ 7 = [ ] ··· [ ]

30 ÷ 9 = [ ] ··· [ ]

33 ÷ 8 = [ ] ··· [ ]

빈칸에 알맞은 수를 써넣으세요.

(9×2=18) (21−18=3)

21 ÷ 9 = 2 ··· 3

40 ÷ 6 = □ ··· □

36 ÷ 7 = □ ··· □

46 ÷ 9 = □ ··· □

25 ÷ 8 = □ ··· □

57 ÷ 8 = □ ··· □

38 ÷ 9 = □ ··· □

52 ÷ 7 = □ ··· □

55 ÷ 6 = □ ··· □

50 ÷ 7 = □ ··· □

59 ÷ 8 = □ ··· □

56 ÷ 6 = □ ··· □

세로셈 (1)

각 자리의 위치를 맞추어 빈칸에 알맞은 수를 써넣으세요.

(4×6=24) (26-24=2)

26 ÷ 4 = 6 ··· 2

```
      6
4 ) 2 6
    2 4  ← (4×6=24)
    ---
      2  ← (26-24=2)
```

```
2 ) 1 9        3 ) 2 5        3 ) 1 7

5 ) 3 3        4 ) 3 3        7 ) 4 6
```

 빈칸에 알맞은 수를 써넣으세요.

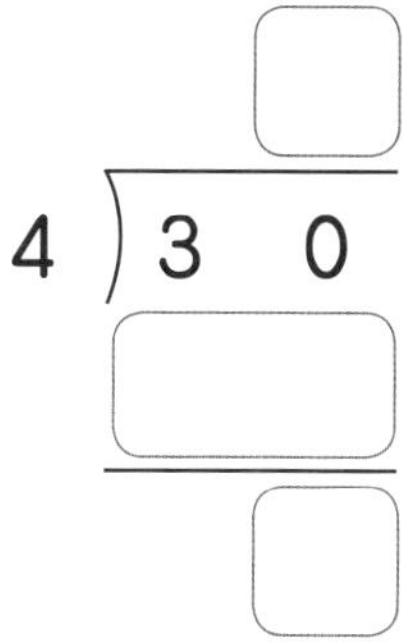

4) 3 0

5) 2 9

6) 4 6

6) 3 4

8) 5 7

5) 4 2

7) 3 0

9) 3 8

7) 5 7

세로셈 (2)

각 자리의 위치를 맞추어 빈칸에 알맞은 수를 써넣으세요.

			6
5	)	3	2
		3	0
			2

3) 2 9

4) 3 0

5) 4 6

3) 2 2

7) 3 4

8) 6 9

2) 1 7

7) 4 4

 각 자리의 위치를 맞추어 빈칸에 알맞은 수를 써넣으세요.

$$\begin{array}{r} 4 \\ 6\overline{)\,2\;5} \\ 2\;4 \\ \hline 1 \end{array}$$

$$5\overline{)\,4\;3}$$

$$7\overline{)\,3\;9}$$

$$8\overline{)\,6\;8}$$

$$9\overline{)\,6\;0}$$

$$7\overline{)\,2\;3}$$

$$8\overline{)\,3\;7}$$

$$9\overline{)\,7\;8}$$

$$8\overline{)\,5\;0}$$

Note

소마셈 C3 – 2주차

받아내림이 없는 (두 자리 수) ÷ (한 자리 수) (2)

나눗셈 퍼즐 (1)

나눗셈을 하여 몫이 같은 것끼리 선으로 이어보세요.

11 ÷ 2 = 5 ··· 1	38 ÷ 6 =
29 ÷ 6 =	23 ÷ 4 = 5 ··· 3
43 ÷ 7 =	50 ÷ 7 =
61 ÷ 8 =	14 ÷ 5 =
13 ÷ 6 =	29 ÷ 7 =
73 ÷ 9 =	65 ÷ 8 =

나눗셈을 하여 나머지가 같은 것끼리 선으로 이어보세요.

$14 \div 3 = 4 \cdots 2$	$46 \div 7 =$
$24 \div 5 =$	$34 \div 9 =$
$55 \div 8 =$	$32 \div 5 = 6 \cdots 2$
$26 \div 7 =$	$33 \div 5 =$
$24 \div 9 =$	$54 \div 8 =$
$35 \div 4 =$	$61 \div 7 =$

나눗셈 퍼즐 (2)

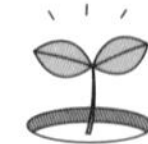
나눗셈을 하여 빈칸에 몫과 나머지를 차례대로 써넣으세요.

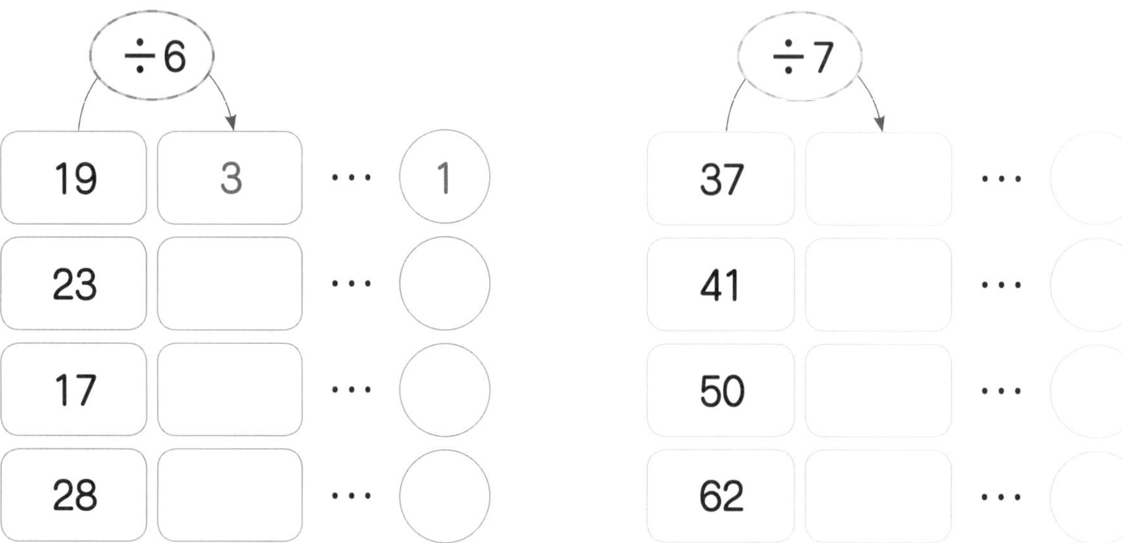

÷6

수	몫		나머지
19	3	…	1
23		…	
17		…	
28		…	

÷7

수	몫		나머지
37		…	
41		…	
50		…	
62		…	

÷5

수	몫		나머지
16		…	
21		…	
23		…	
27		…	

÷9

수	몫		나머지
28		…	
35		…	
60		…	
47		…	

나눗셈을 하여 빈칸에 몫과 나머지를 차례대로 써넣으세요.

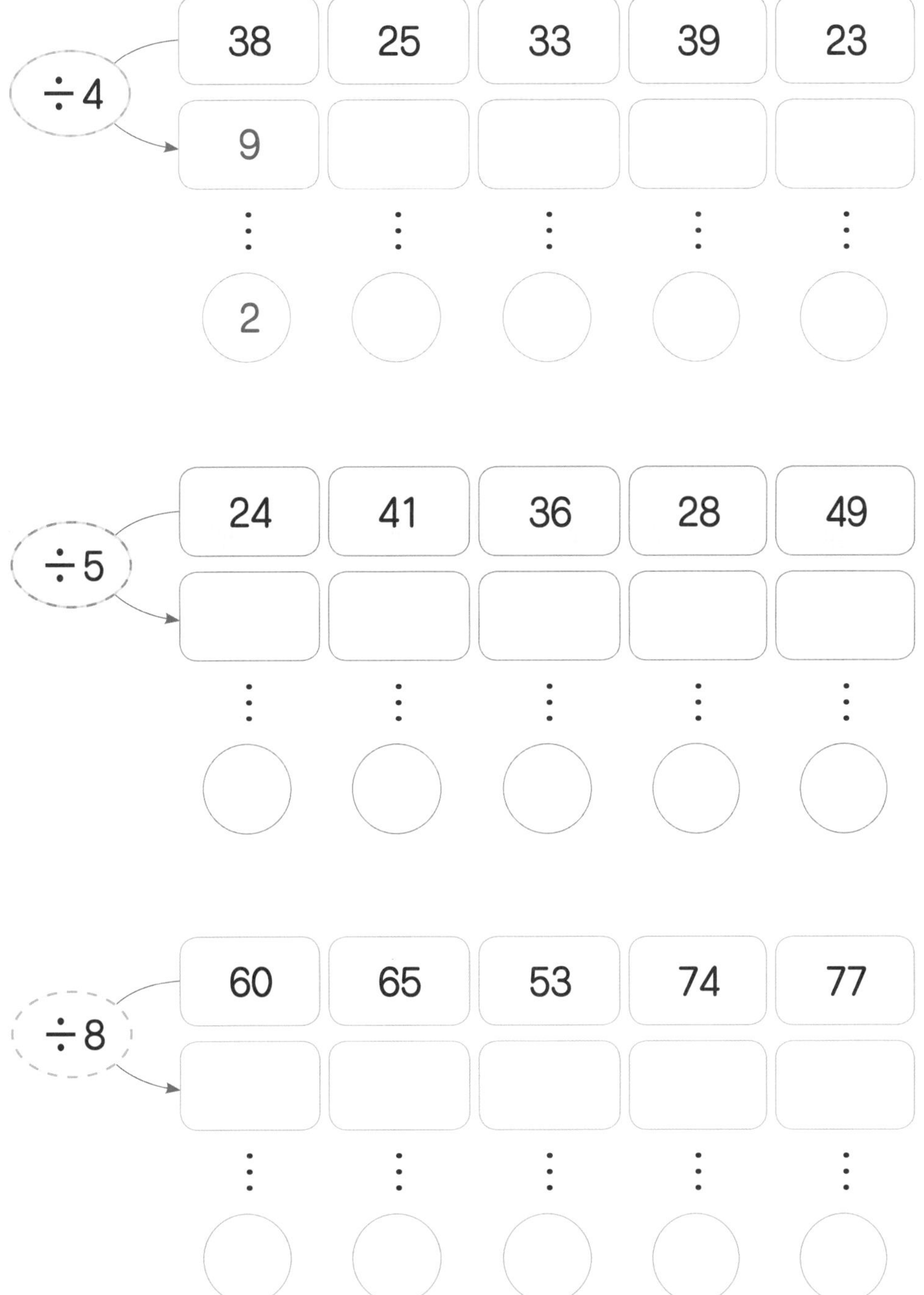

÷4	38	25	33	39	23
몫	9				
나머지	2				

÷5	24	41	36	28	49
몫					
나머지					

÷8	60	65	53	74	77
몫					
나머지					

여러 수로 나누기

나눗셈을 하여 빈칸에 몫과 나머지를 차례대로 써넣으세요.

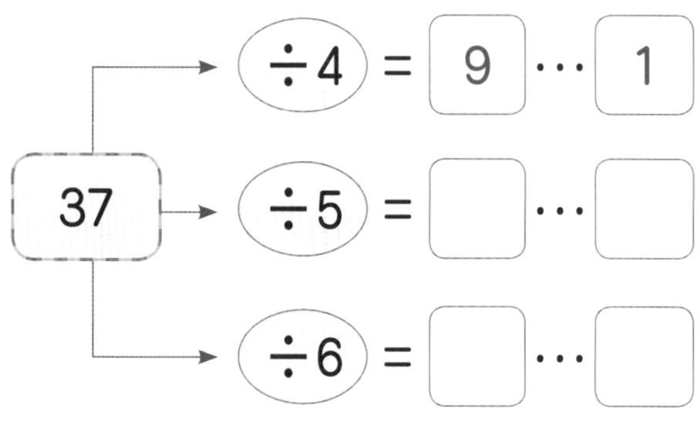

41
÷6 = …
÷7 = …
÷8 = …

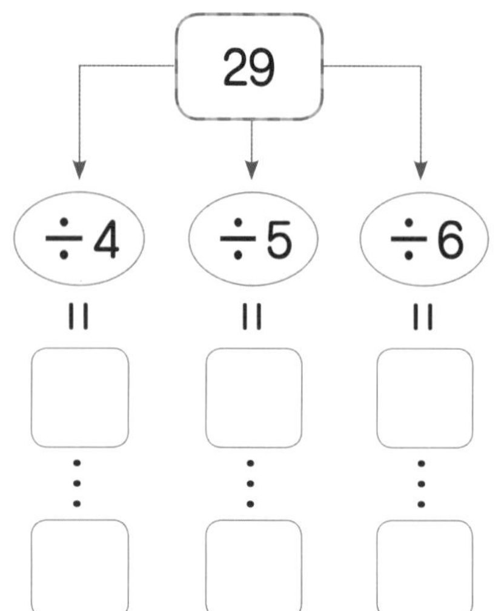

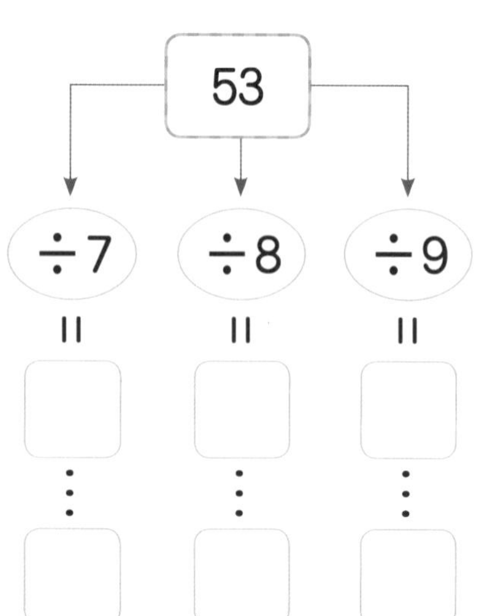

나눗셈을 하여 빈칸에 몫과 나머지를 차례대로 써넣으세요.

33 → ÷4 = ☐ … ☐

33 → ÷6 = ☐ … ☐

33 → ÷8 = ☐ … ☐

43 → ÷5 = ☐ … ☐

43 → ÷7 = ☐ … ☐

43 → ÷9 = ☐ … ☐

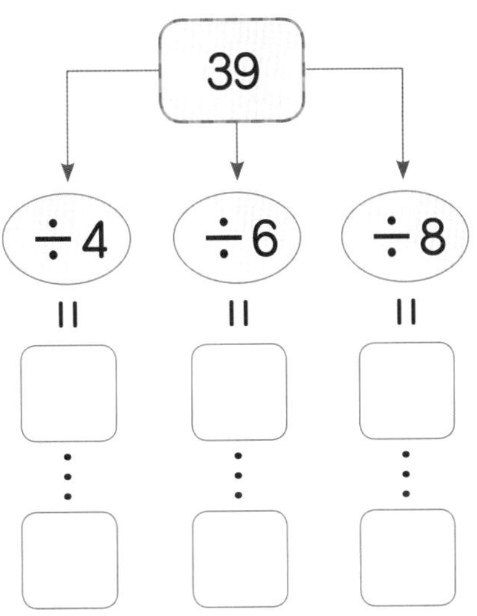

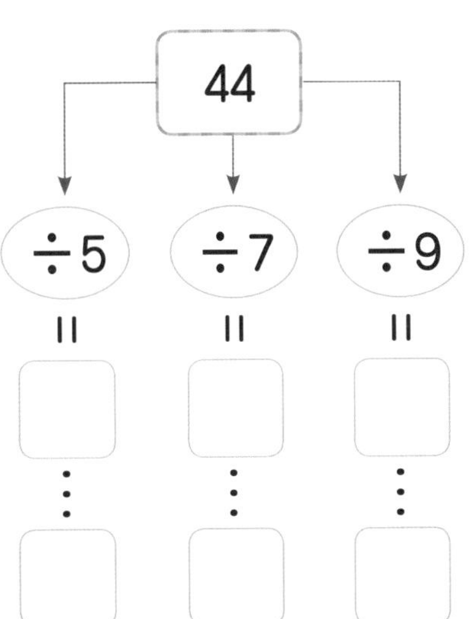

검산식

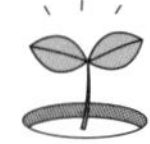
나눗셈의 계산 결과가 올바른지 확인하는 방법을 알아보고, 빈칸에 알맞은 수를 써 넣으세요.

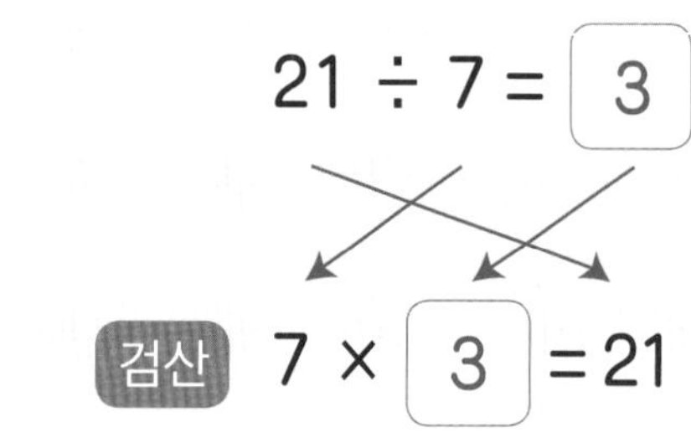
$21 \div 7 = \boxed{3}$

검산 $7 \times \boxed{3} = 21$

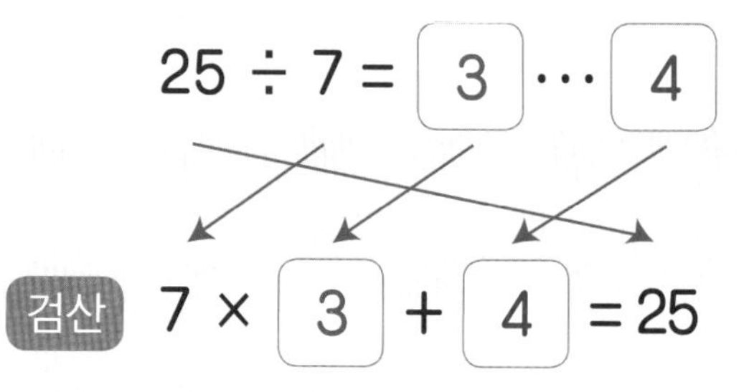
$25 \div 7 = \boxed{3} \cdots \boxed{4}$

검산 $7 \times \boxed{3} + \boxed{4} = 25$

$18 \div 3 = \square$

검산 $3 \times \square = 18$

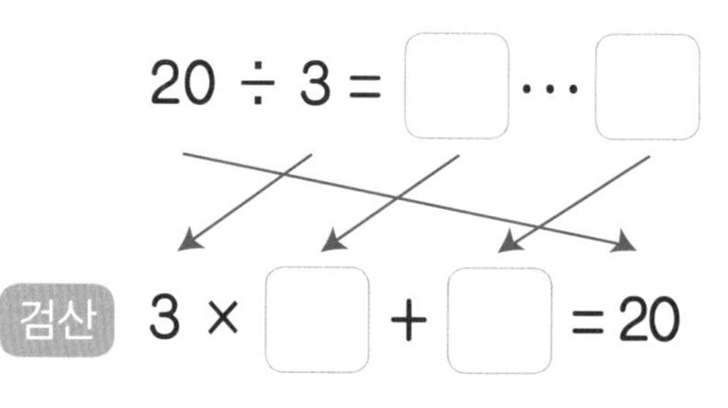
$20 \div 3 = \square \cdots \square$

검산 $3 \times \square + \square = 20$

$35 \div 5 = \square$

검산 $5 \times \square = 35$

$39 \div 5 = \square \cdots \square$

검산 $5 \times \square + \square = 39$

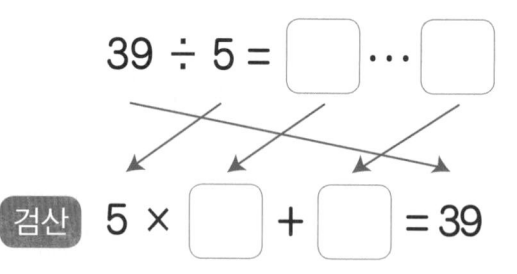

검산은 나눗셈의 계산 결과가 올바른지 확인하는 것입니다. 나머지가 있는 경우에 나머지가 나누는 수보다 작은지 확인한 다음, 검산식을 통하여 계산 결과를 확인합니다.

 빈칸에 알맞은 수를 써넣어 검산식을 완성하세요.

13 ÷ 4 = [3] ··· [1] ⟶ 검산 4 × [3] + [1] = [13]

17 ÷ 2 = [ ] ··· [ ] ⟶ 검산 2 × [ ] + [ ] = [ ]

19 ÷ 3 = [ ] ··· [ ] ⟶ 검산 3 × [ ] + [ ] = [ ]

25 ÷ 6 = [ ] ··· [ ] ⟶ 검산 6 × [ ] + [ ] = [ ]

44 ÷ 5 = [ ] ··· [ ] ⟶ 검산 5 × [ ] + [ ] = [ ]

34 ÷ 9 = [ ] ··· [ ] ⟶ 검산 9 × [ ] + [ ] = [ ]

52 ÷ 8 = [ ] ··· [ ] ⟶ 검산 8 × [ ] + [ ] = [ ]

5일차 문장제

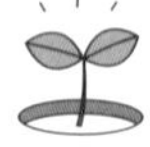

다음을 읽고 알맞은 나눗셈식을 쓰고, 답을 구하세요.

학생 25명이 한 대에 7명씩 탈 수 있는 차를 타고 견학을 가려고 합니다. 차는 적어도 몇 대가 필요할까요?

식 : 25 ÷ 7 = 3 … 4

 대

과자 37개를 한 상자에 5개씩 포장하려고 합니다. 과자를 모두 포장하려면 상자는 적어도 몇 개 필요할까요?

식 :

 개

TIP

위의 문제 25÷7=3…4에서 7명씩 3대에 타면 4명이 남고, 남은 4명도 차를 타야 하므로 차는 적어도 3+1=4(대)가 필요합니다.

다음을 읽고 알맞은 나눗셈식을 쓰고, 답을 구하세요.

귤 20개를 한 접시에 6개씩 나누어 담으려고 합니다. 귤은 몇 접시가 되고, 몇 개가 남을까요?

식 :

접시, 개

한 봉지에 3개씩 들어 있는 사탕이 7봉지 있습니다. 이 사탕을 한 사람에게 5개씩 나누어 주려고 합니다. 몇 명이 가질 수 있고, 몇 개가 남을까요?

식 :

명, 개

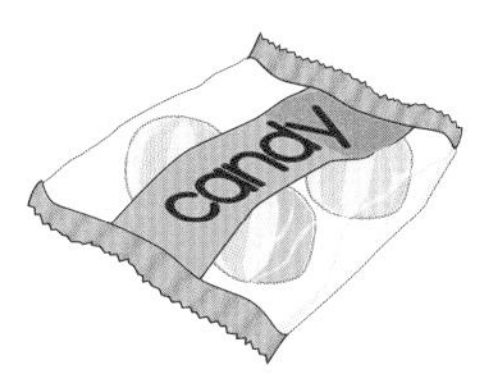

다음을 읽고 알맞은 나눗셈식을 쓰고, 답을 구하세요.

학생 28명이 8명씩 모둠을 만들려고 합니다. 모둠에 들지 못한 남은 학생은 몇 명일까요?

식 :

□ 명

선미는 한 상자에 9개씩 들어 있는 지우개 2상자가 있습니다. 이 지우개를 친구들에게 4개씩 나누어 선물하려고 합니다. 몇 명에게 줄 수 있고, 몇 개가 남을까요?

식 :

□ 명, □ 개

구슬 30개를 한 주머니에 7개씩 모두 담아 보관하려고 합니다. 주머니는 적어도 몇 개 필요할까요?

식 :

□ 개

다음을 읽고 알맞은 나눗셈식을 쓰고, 답을 구하세요.

토마토 34개를 1명에게 6개씩 나누어 주려고 합니다. 몇 명에게 나누어 줄 수 있고, 몇 개가 남을까요?

식 :

명, 개

사과 39개를 한 상자에 8개씩 나누어 담으려고 합니다. 남는 사과가 없도록 모두 담으려면 상자는 적어도 몇 개가 필요할까요?

식 :

개

승희는 스티커 35장을 친구 4명에게 똑같이 나누어 주고 남은 것을 가졌습니다. 승희가 가진 스티커는 몇 장일까요?

식 :

장

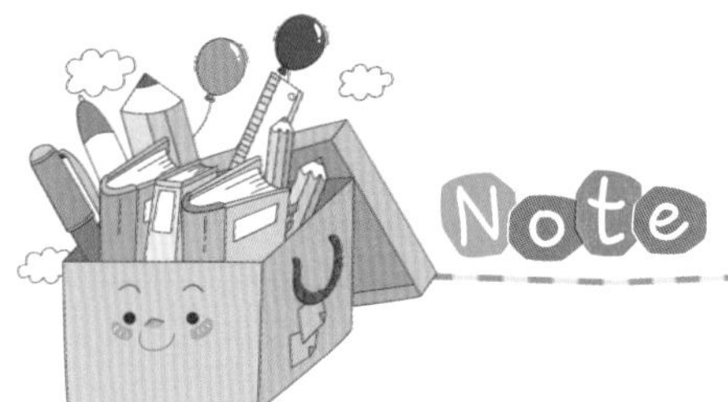
Note

소마셈 C3 - 3주차

받아내림이 있는 (두 자리 수) ÷ (한 자리 수) (1)

자리를 나누어 가르기

 그림을 보고 □ 안에 알맞은 수를 써넣으세요.

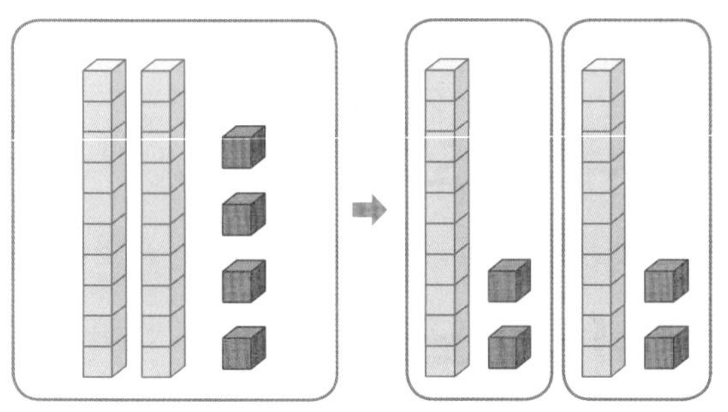

24 ÷ 2 = 12
20 ÷ 2 = 10
4 ÷ 2 = 2

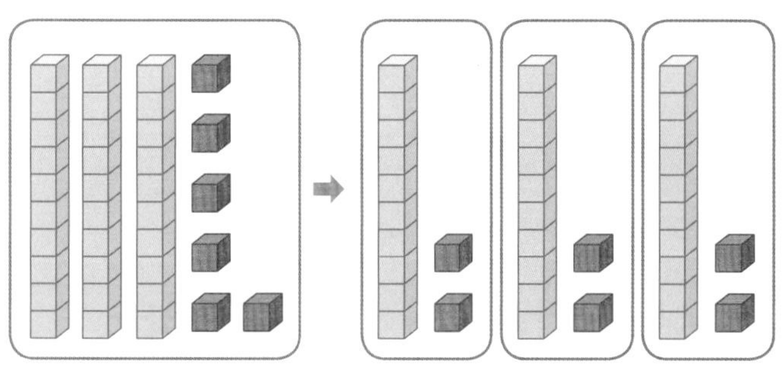

36 ÷ 3 = □
□ ÷ 3 = □
□ ÷ 3 = □

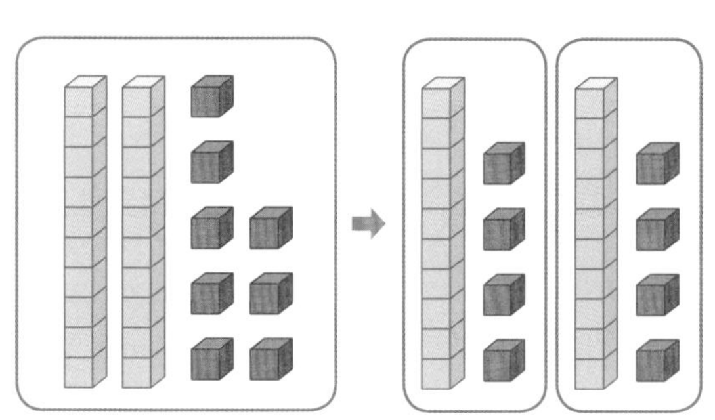

28 ÷ 2 = □
□ ÷ 2 = □
□ ÷ 2 = □

십의 자리 수와 일의 자리 수로 각각 자리를 나누어 가르기 합니다.

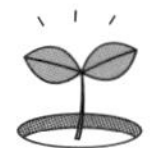 빈칸에 알맞은 수를 써넣으세요.

26 ÷ 2 = 13
20 ÷ 2 = 10
6 ÷ 2 = 3

33 ÷ 3 = ☐
☐ ÷ 3 = ☐
☐ ÷ 3 = ☐

44 ÷ 4 = ☐
☐ ÷ 4 = ☐
☐ ÷ 4 = ☐

48 ÷ 4 = ☐
☐ ÷ 4 = ☐
☐ ÷ 4 = ☐

44 ÷ 2 = ☐
☐ ÷ 2 = ☐
☐ ÷ 2 = ☐

64 ÷ 2 = ☐
☐ ÷ 2 = ☐
☐ ÷ 2 = ☐

빈칸에 알맞은 수를 써넣으세요.

55 ÷ 5 = □
□ ÷ 5 = □
□ ÷ 5 = □

44 ÷ 2 = □
□ ÷ 2 = □
□ ÷ 2 = □

46 ÷ 2 = □
□ ÷ 2 = □
□ ÷ 2 = □

69 ÷ 3 = □
□ ÷ 3 = □
□ ÷ 3 = □

88 ÷ 8 = □
□ ÷ 8 = □
□ ÷ 8 = □

66 ÷ 6 = □
□ ÷ 6 = □
□ ÷ 6 = □

낱개로 바꾸어 가르기

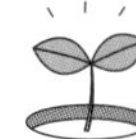
그림을 보고 □ 안에 알맞은 수를 써넣으세요.

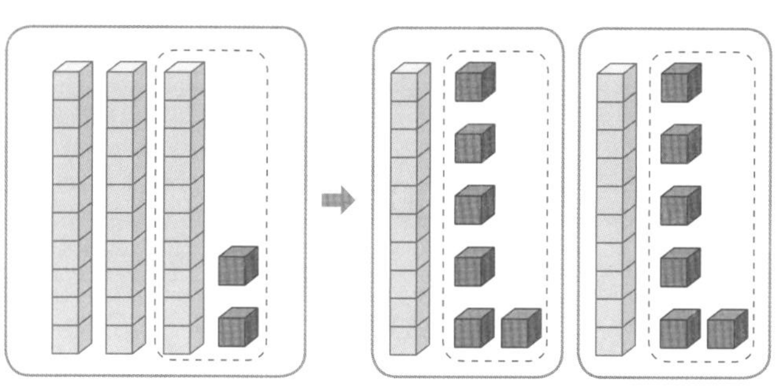

32 ÷ 2 = 16

20 ÷ 2 = 10

12 ÷ 2 = 6

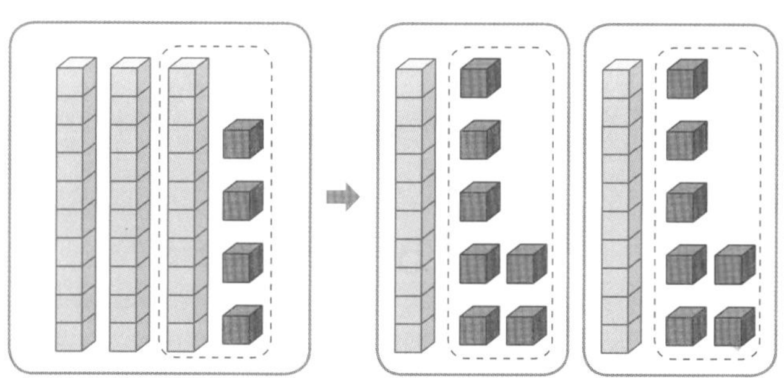

34 ÷ 2 = □

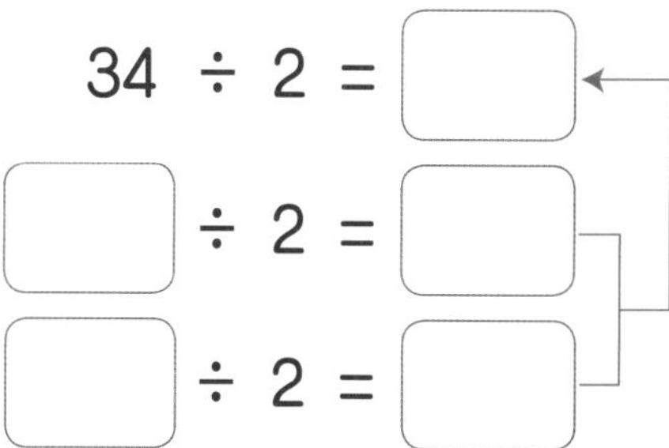

□ ÷ 2 = □

□ ÷ 2 = □

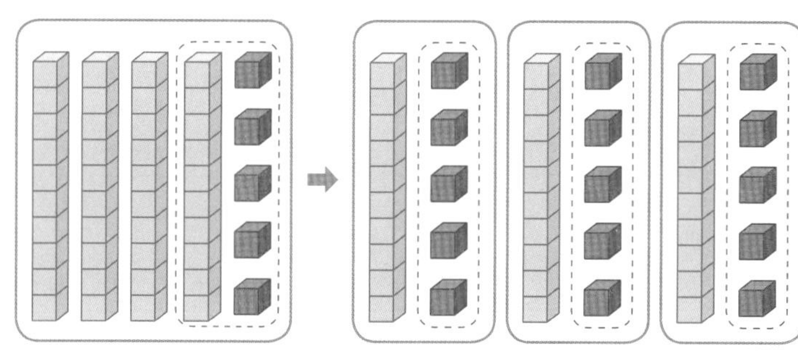

45 ÷ 3 = □

□ ÷ 3 = □

□ ÷ 3 = □

TIP

십의 자리 수와 일의 자리 수를 각각 나누어 가르기 합니다. 십 모형을 먼저 똑같게 가르고, 남은 모형을 낱개로 바꾸어 똑같게 가르기 합니다.

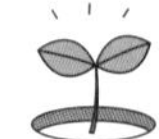 빈칸에 알맞은 수를 써넣으세요.

32 ÷ 2 = [16]
[20] ÷ 2 = [10]
[12] ÷ 2 = [6]

36 ÷ 2 = [ ]
[20] ÷ 2 = [ ]
[16] ÷ 2 = [ ]

48 ÷ 3 = [ ]
[ ] ÷ 3 = [ ]
[ ] ÷ 3 = [ ]

56 ÷ 4 = [ ]
[ ] ÷ 4 = [ ]
[ ] ÷ 4 = [ ]

52 ÷ 4 = [ ]
[ ] ÷ 4 = [ ]
[ ] ÷ 4 = [ ]

38 ÷ 2 = [ ]
[ ] ÷ 2 = [ ]
[ ] ÷ 2 = [ ]

 빈칸에 알맞은 수를 써넣으세요.

78 ÷ 3 = □
□ ÷ 3 = □
□ ÷ 3 = □

50 ÷ 2 = □
□ ÷ 2 = □
□ ÷ 2 = □

52 ÷ 2 = □
□ ÷ 2 = □
□ ÷ 2 = □

58 ÷ 2 = □
□ ÷ 2 = □
□ ÷ 2 = □

72 ÷ 3 = □
□ ÷ 3 = □
□ ÷ 3 = □

75 ÷ 3 = □
□ ÷ 3 = □
□ ÷ 3 = □

세로셈 (1)

각 자리의 위치를 맞추어 빈칸에 알맞은 수를 써넣으세요.

$$3\overline{)45} \rightarrow \begin{array}{r} 1 \\ 3\overline{)45} \\ 3 \\ \hline 15 \end{array} \rightarrow \begin{array}{r} 15 \\ 3\overline{)45} \\ 3 \\ \hline 15 \\ 15 \\ \hline 0 \end{array}$$

15 …… 몫

0 …… 나머지

45÷3의 몫은 15이고, 나머지는 0입니다.
이처럼 나머지가 0일 때, 나누어 떨어진다고 합니다.

$$2\overline{)38} \rightarrow \begin{array}{r} \square \\ 2\overline{)38} \\ \square \\ \hline \square \end{array} \rightarrow \begin{array}{r} \square\square \\ 2\overline{)38} \\ \square \\ \hline \square \\ \square \\ \hline \square \end{array}$$

$$3\overline{)75} \rightarrow \begin{array}{r} \square \\ 3\overline{)75} \\ \square \\ \hline \square \end{array} \rightarrow \begin{array}{r} \square\square \\ 3\overline{)75} \\ \square \\ \hline \square \\ \square \\ \hline \square \end{array}$$

빈칸에 알맞은 수를 써넣으세요.

$$\begin{array}{r} 23 \\ 2\overline{)46} \\ 4 \\ \hline 6 \\ 6 \\ \hline 0 \end{array}$$

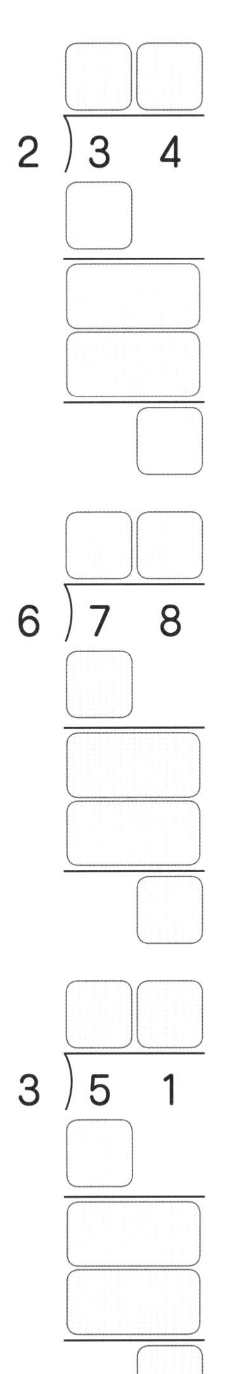

$2\overline{)34}$

$6\overline{)78}$

$3\overline{)51}$

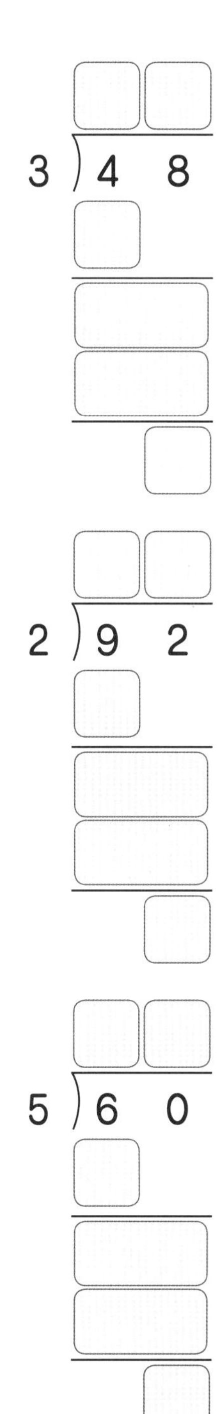

$3\overline{)48}$

$2\overline{)92}$

$5\overline{)60}$

$5\overline{)75}$

$4\overline{)76}$

빈칸에 알맞은 수를 써넣으세요.

4)72 → 몫 [1][8], 4×1 = [4], [3 2], [3 2], 나머지 [0]

6)84

3)54

4)56

7)84

7)91

8)96

6)90

5)80

세로셈 (2)

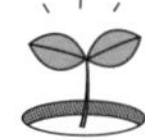
각 자리의 위치를 맞추어 빈칸에 알맞은 수를 써넣으세요.

$$\begin{array}{r} 16 \\ 3\overline{)48} \\ \underline{3} \\ 18 \\ \underline{18} \\ 0 \end{array}$$

$$3\overline{)51}$$

$$2\overline{)48}$$

$$2\overline{)52}$$

$$4\overline{)56}$$

$$5\overline{)65}$$

$$6\overline{)84}$$

$$2\overline{)94}$$

$$3\overline{)69}$$

각 자리의 위치를 맞추어 빈칸에 알맞은 수를 써넣으세요.

$$\begin{array}{r} 34 \\ 2\overline{)68} \\ \underline{6} \\ 8 \\ \underline{8} \\ 0 \end{array}$$

$$4\overline{)72}$$

$$5\overline{)70}$$

$$6\overline{)84}$$

$$5\overline{)95}$$

$$7\overline{)98}$$

$$4\overline{)60}$$

$$6\overline{)72}$$

$$3\overline{)78}$$

문장제

다음을 읽고 알맞은 나눗셈식을 쓰고, 답을 구하세요.

사과 30개가 있습니다. 그 중에서 2개는 썩어서 버렸고, 남은 사과를 2명이 똑같이 나누어 가졌습니다. 한 사람이 몇 개씩 가지게 될까요?

식 : $30 - 2 = 28$, $28 \div 2 = 14$

 개

정우는 색종이 52장을 가지고 있습니다. 한 사람에게 4장씩 나누어 준다면, 몇 명에게 나누어 줄 수 있을까요?

식 :

 명

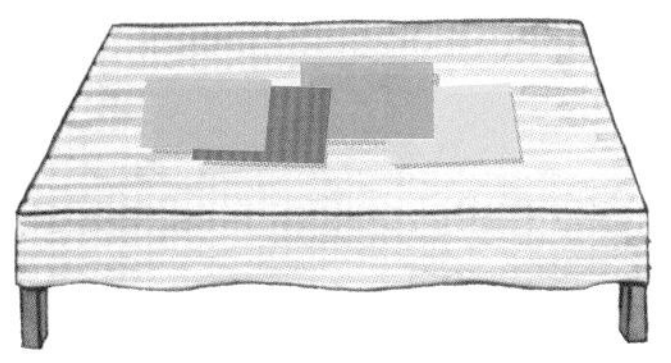

 다음을 읽고 알맞은 나눗셈식을 쓰고, 답을 구하세요.

상수네 반은 남학생이 19명, 여학생이 23명입니다. 이 학생들을 3명씩 한 모둠으로 만들려면, 모두 몇 모둠을 만들 수 있을까요?

식 :

 모둠

도너츠가 9개씩 6줄로 포장되어 있습니다. 2명의 친구들이 나누어 가지려면 한 사람이 몇 개씩 가지게 될까요?

식 :

 개

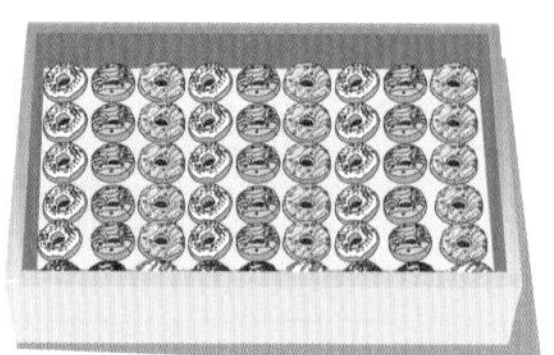

 다음을 읽고 알맞은 나눗셈식을 쓰고, 답을 구하세요.

장미가 84송이 있습니다. 장미를 6송이씩 묶어서 꽃다발을 만들려고 합니다. 꽃다발을 모두 몇 개를 만들 수 있을까요?

식 : 개

배가 80개 있습니다. 그 중에서 15개를 팔고, 남은 배를 상자 한 개에 5개씩 담아서 포장하였습니다. 포장한 상자는 몇 개일까요?

식 : 개

경석이는 한 통에 5개씩 들어 있는 껌 9통을 가지고 있습니다. 이 껌을 친구 3명에게 똑같이 나누어 주려고 합니다. 한 사람이 몇 개씩 가질 수 있을까요?

식 : 개

다음을 읽고 알맞은 나눗셈식을 쓰고, 답을 구하세요.

준형이 할머니께서 밤 95개를 가지고 오셨습니다. 이 중에서 썩은 것 3개를 버리고, 남은 밤을 네 사람에게 똑같이 나누어 주려고 합니다. 한 사람이 몇 개씩 가지게 될까요?

식 : 　　　　　　　　　　　　　　　　　　　　　　　　　개

여학생 40명과 남학생 38명이 있습니다. 이 학생들이 과학실에 있는 책상 6개에 똑같이 나누어 앉는다면, 책상 한 개에 몇 명씩 앉을 수 있을까요?

식 : 　　　　　　　　　　　　　　　　　　　　　　　　　명

빈 병 81개를 상자에 담으려고 합니다. 한 상자에 3개씩 담는다면 필요한 상자는 모두 몇 개일까요?

식 : 　　　　　　　　　　　　　　　　　　　　　　　　　개

소마셈 C3 – 4주차

받아내림이 있는 (두 자리 수) ÷ (한 자리 수) (2)

세로셈 (1)

각 자리의 위치를 맞추어 빈칸에 알맞은 수를 써넣으세요.

$$4\overline{)54} \rightarrow \begin{array}{r} 1 \\ 4\overline{)54} \\ 4 \\ \hline 14 \end{array} \rightarrow \begin{array}{r} 13 \\ 4\overline{)54} \\ 4 \\ \hline 14 \\ 12 \\ \hline 2 \end{array}$$

13 …… 몫, 2 …… 나머지

54÷4의 몫은 13이고, 나머지는 2입니다.
나머지는 항상 나누는 수보다 작아야 합니다.

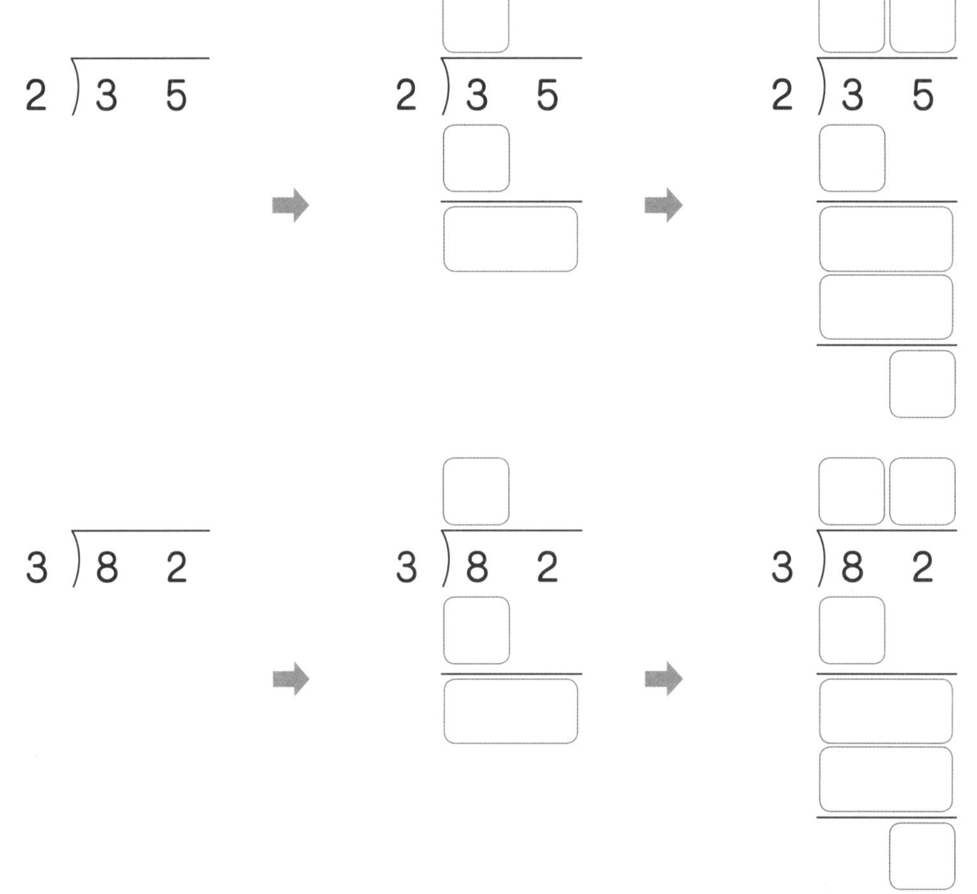

빈칸에 알맞은 수를 써넣으세요.

$$\begin{array}{r} 16 \\ 3\overline{)\,49} \\ \underline{3} \\ 19 \\ \underline{18} \\ 1 \end{array}$$

$$\begin{array}{r} \square\square \\ 4\overline{)\,55} \\ \underline{\square} \\ \square\square \\ \underline{\square\square} \\ \square \end{array}$$

$$\begin{array}{r} \square\square \\ 2\overline{)\,37} \\ \underline{\square} \\ \square\square \\ \underline{\square\square} \\ \square \end{array}$$

$$\begin{array}{r} \square\square \\ 4\overline{)\,65} \\ \underline{\square} \\ \square\square \\ \underline{\square\square} \\ \square \end{array}$$

$$\begin{array}{r} \square\square \\ 5\overline{)\,77} \\ \underline{\square} \\ \square\square \\ \underline{\square\square} \\ \square \end{array}$$

$$\begin{array}{r} \square\square \\ 3\overline{)\,58} \\ \underline{\square} \\ \square\square \\ \underline{\square\square} \\ \square \end{array}$$

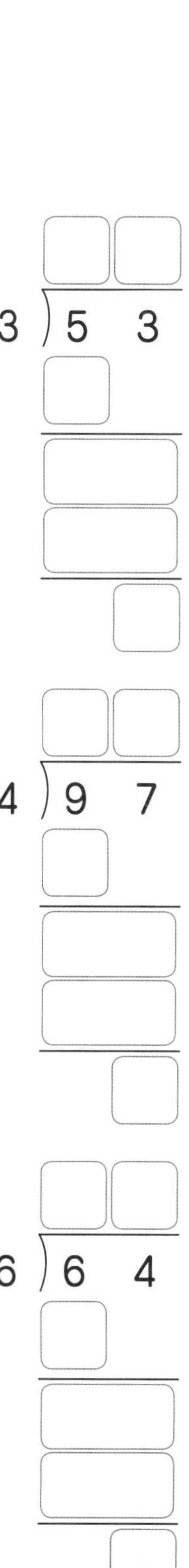

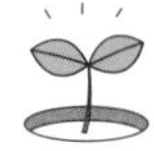
빈칸에 알맞은 수를 써넣으세요.

$$\begin{array}{r} 10 \\ 4\overline{)42} \\ 4 \\ \hline 2 \\ 0 \\ \hline 2 \end{array}$$

$$\begin{array}{r} \square\square \\ 5\overline{)63} \\ \square \\ \hline \square \\ \square \\ \hline \square \end{array}$$

$$\begin{array}{r} \square\square \\ 3\overline{)74} \\ \square \\ \hline \square \\ \square \\ \hline \square \end{array}$$

$$\begin{array}{r} \square\square \\ 5\overline{)86} \\ \square \\ \hline \square \\ \square \\ \hline \square \end{array}$$

$$\begin{array}{r} \square\square \\ 3\overline{)83} \\ \square \\ \hline \square \\ \square \\ \hline \square \end{array}$$

$$\begin{array}{r} \square\square \\ 6\overline{)70} \\ \square \\ \hline \square \\ \square \\ \hline \square \end{array}$$

$$\begin{array}{r} \square\square \\ 4\overline{)98} \\ \square \\ \hline \square \\ \square \\ \hline \square \end{array}$$

$$\begin{array}{r} \square\square \\ 8\overline{)90} \\ \square \\ \hline \square \\ \square \\ \hline \square \end{array}$$

$$\begin{array}{r} \square\square \\ 7\overline{)97} \\ \square \\ \hline \square \\ \square \\ \hline \square \end{array}$$

세로셈 (2)

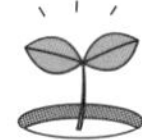 각 자리의 위치를 맞추어 빈칸에 알맞은 수를 써넣으세요.

```
     1 7
3 ) 5 3
    3
    2 3
    2 1
      2
```

```
2 ) 5 3
```

```
5 ) 6 9
```

```
6 ) 9 1
```

```
4 ) 6 6
```

```
3 ) 6 7
```

```
4 ) 8 3
```

```
2 ) 3 9
```

```
3 ) 7 7
```

각 자리의 위치를 맞추어 빈칸에 알맞은 수를 써넣으세요.

$$\begin{array}{r} 1\ 1 \\ 4\,\overline{)\,4\ 7} \\ 4 \\ \hline 7 \\ 4 \\ \hline 3 \end{array}$$

$$3\,\overline{)\,7\ 9}$$

$$6\,\overline{)\,8\ 0}$$

$$6\,\overline{)\,8\ 5}$$

$$7\,\overline{)\,9\ 0}$$

$$5\,\overline{)\,6\ 2}$$

$$8\,\overline{)\,8\ 4}$$

$$9\,\overline{)\,9\ 3}$$

$$8\,\overline{)\,9\ 7}$$

벌레 먹은 나눗셈

빈칸에 알맞은 수를 써넣으세요.

$$\begin{array}{r} \boxed{1}\,4 \\ \boxed{4}\,\overline{)\,5\,6} \\ 4 \\ \hline 1\,6 \\ \boxed{1\,6} \\ \hline 0 \end{array}$$

$$\begin{array}{r} 2\,\square \\ 2\,\overline{)\,\square\square} \\ \square \\ \hline 1\,5 \\ 1\,\square \\ \hline 1 \end{array}$$

$$\begin{array}{r} \square\,\square \\ 3\,\overline{)\,6\,\square} \\ 6 \\ \hline 8 \\ \square \\ \hline \square \end{array}$$

$$\begin{array}{r} \square\,6 \\ 5\,\overline{)\,8\,3} \\ 5 \\ \hline \square\,3 \\ 3\,\square \\ \hline \square \end{array}$$

$$\begin{array}{r} \square\,9 \\ \square\,\overline{)\,8\,9} \\ 6 \\ \hline 2\,9 \\ \square\square \\ \hline 2 \end{array}$$

$$\begin{array}{r} 1\,\square \\ 6\,\overline{)\,\square\square} \\ \square \\ \hline 2\,4 \\ 2\,\square \\ \hline 0 \end{array}$$

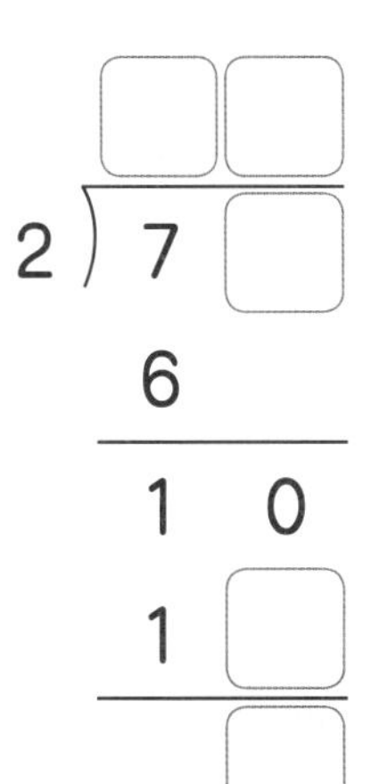

$$\begin{array}{r} \square\,\square \\ 2\,\overline{)\,7\,\square} \\ 6 \\ \hline 1\,0 \\ 1\,\square \\ \hline \square \end{array}$$

$$\begin{array}{r} 1\,\square \\ \square\,\overline{)\,7\,8} \\ \square \\ \hline 1\,\square \\ 1\,8 \\ \hline 0 \end{array}$$

$$\begin{array}{r} \square\,4 \\ 5\,\overline{)\,7\,\square} \\ \square \\ \hline 2\,0 \\ \square\square \\ \hline 0 \end{array}$$

빈칸에 알맞은 수를 써넣으세요.

(1)
```
   2 [5]
[3]) 7 [6]
   [6]
   1  6
   [1  5]
      1
```

(2)
```
   1 □
□) 8 □
   □
   3 5
   □
     0
```

(3)
```
   1 □
□) 4 □
   3
   □ 8
   □
     0
```

(4)
```
   4 □
□) 9 □
   □
   1 7
   □
     1
```

(5)
```
   □ □
4) 7 □
   □
   3 9
   □
     3
```

(6)
```
   □ 2
6) 7 □
   □
   1 □
   □
     1
```

(7)
```
   □ □
5) 6 □
   □
   1 7
   □
     2
```

(8)
```
   □ 4
7) 9 □
   □
   2 □
   □
     0
```

(9)
```
   1 7
□) 7 □
   □
   3 □
   □
     2
```

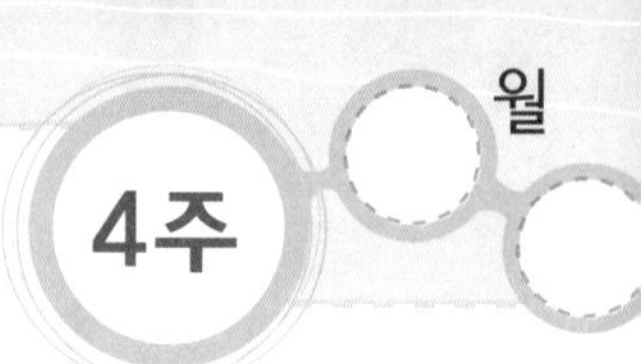

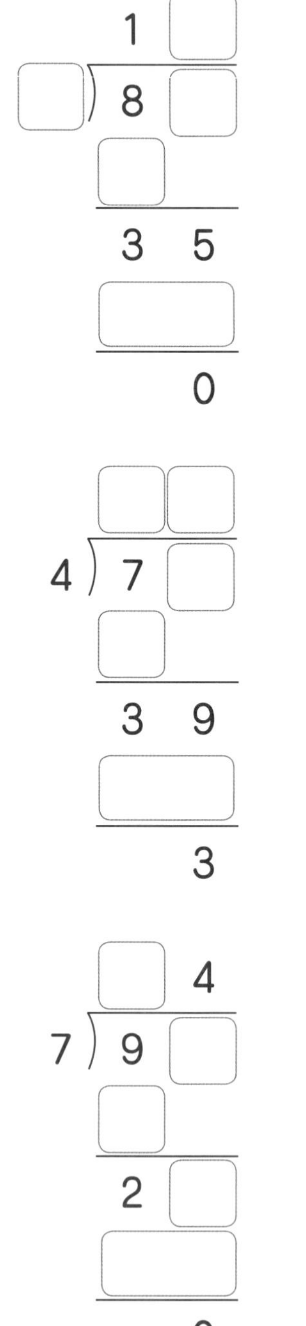

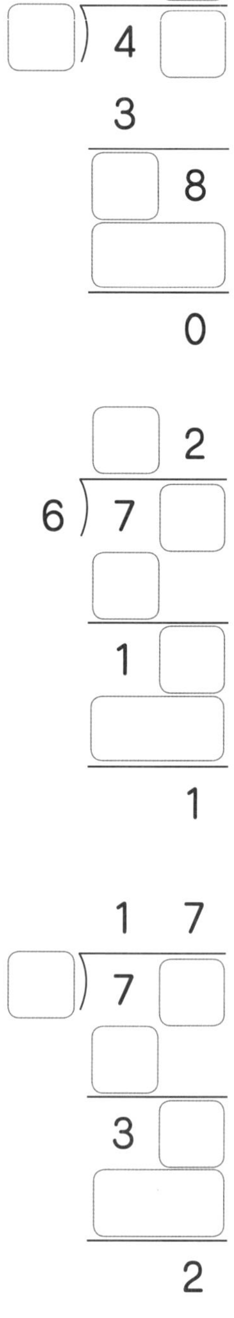

4 일차

검산식

나눗셈을 하고, 나눗셈의 계산 결과가 올바른지 검산하여 알아보세요.

```
    1 4
3 ) 4 4
    3
    ---
    1 4
    1 2
    ---
      2
```

검산 3 × 14 + 2 = 44

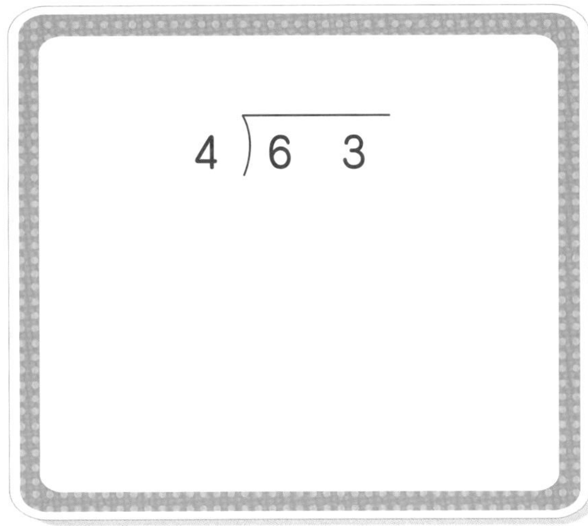

```
4 ) 6 3
```

검산 4 × ☐ + ☐ = ☐

```
3 ) 5 6
```

검산 3 × ☐ + ☐ = ☐

```
5 ) 7 4
```

검산 5 × ☐ + ☐ = ☐

TIP

나눗셈의 검산을 할 때, (나누는 수) × (몫) + (나머지) = (나눠지는 수)가 됩니다.

나눗셈을 하고, 나눗셈의 계산 결과가 올바른지 검산하여 알아보세요.

$2\overline{)75}$

검산 2 × ☐ + ☐ = ☐

$5\overline{)66}$

검산 5 × ☐ + ☐ = ☐

$6\overline{)88}$

검산 6 × ☐ + ☐ = ☐

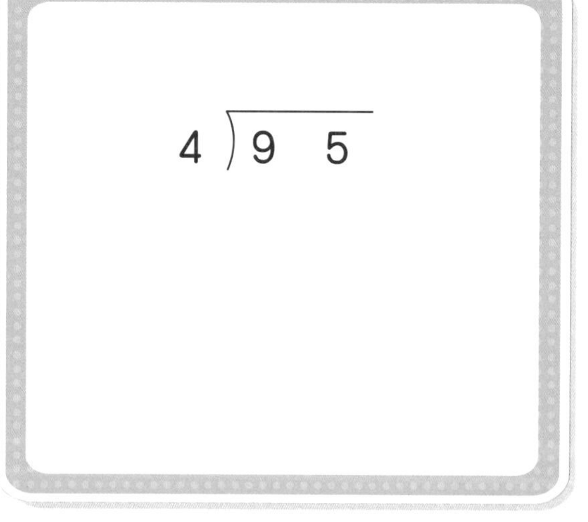

$4\overline{)95}$

검산 4 × ☐ + ☐ = ☐

검산식을 이용하여 □ 안에 알맞은 수를 써넣으세요.

[67] ÷ 5 = 13 ⋯ 2 → 검산 5 × [13] + [2] = [67]

[ ] ÷ 6 = 15 ⋯ 3 → 검산 6 × [ ] + [ ] = [ ]

[ ] ÷ 4 = 14 ⋯ 3 → 검산 ____________

[ ] ÷ 3 = 21 ⋯ 1 → 검산 ____________

[ ] ÷ 2 = 26 ⋯ 1 → 검산 ____________

[ ] ÷ 5 = 19 ⋯ 4 → 검산 ____________

문장제

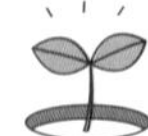

다음을 읽고 알맞은 나눗셈식을 쓰고, 답을 구하세요.

한 상자에 10개씩 들어 있는 초콜릿이 9상자 있습니다. 이 초콜릿을 한 사람에게 7개씩 나누어 주면 몇 명에게 나누어 줄 수 있고, 몇 개가 남을까요?

식 : $10\times9=90$, $90\div7=12\cdots6$

 명, 개

구슬 55개를 4명에게 똑같이 나누어 주었더니 몇 개가 남았습니다. 한 사람이 몇 개씩 가졌고, 몇 개가 남았을까요?

식 :

개, 개

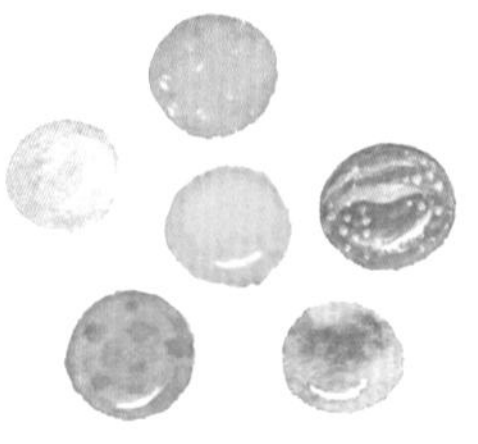

 다음을 읽고 알맞은 나눗셈식을 쓰고, 답을 구하세요.

영기는 색종이 35장을 친구 3명에게 똑같이 나누어 주고 남은 것을 가지려고 합니다. 영기가 가지게 되는 색종이는 몇 장일까요?

식 :

 장

6인승 차에 3학년 학생 74명이 모두 나누어 타고 박물관을 가려고 합니다. 차는 적어도 몇 대가 필요할까요?

식 :

 대

다음을 읽고 알맞은 나눗셈식을 쓰고, 답을 구하세요.

사과 52개를 세 집이 똑같이 나누어 가졌더니 몇 개가 남았습니다. 한 집이 몇 개씩 가졌고, 몇 개가 남았을까요?

식 :

개, 개

한 봉지에 8장씩 들어 있는 색종이가 7봉지 있습니다. 이 색종이를 친구들에게 3장씩 나누어 선물하려고 합니다. 몇 명에게 줄 수 있고, 몇 장이 남을까요?

식 :

명, 장

탁구공 93개를 한 상자에 8개씩 모두 담으려고 합니다. 남는 탁구공이 없이 모두 담으려면 상자는 적어도 몇 개 필요할까요?

식 :

개

다음을 읽고 알맞은 나눗셈식을 쓰고, 답을 구하세요.

경은이는 한 봉지에 9개씩 들어 있는 사탕 8봉지를 가지고 있습니다. 이 사탕을 5명의 친구들이 똑같이 나누어 먹고, 남는 것은 경은이가 먹으려고 합니다. 경은이가 먹게 되는 사탕은 몇 개일까요?

식 :

개

과수원에서 수확한 포도 57송이를 한 상자에 2개씩 담으려고 합니다. 남는 포도가 없도록 모두 담으려면 상자는 적어도 몇 개가 필요할까요?

식 :

개

제과점에서 빵 87개를 한 봉지에 7개씩 넣어서 포장했습니다. 남은 빵은 몇 개일까요?

식 :

개

Note

보충학습

Drill

받아내림이 없는 (두 자리 수)÷(한 자리 수) (1)

빈칸에 알맞은 수를 써넣으세요.

$19 \div 5 = \square \cdots \square$

$26 \div 4 = \square \cdots \square$

$44 \div 5 = \square \cdots \square$

$13 \div 3 = \square \cdots \square$

$35 \div 4 = \square \cdots \square$

$32 \div 5 = \square \cdots \square$

$46 \div 6 = \square \cdots \square$

$33 \div 8 = \square \cdots \square$

$29 \div 3 = \square \cdots \square$

$19 \div 4 = \square \cdots \square$

$39 \div 9 = \square \cdots \square$

$38 \div 7 = \square \cdots \square$

빈칸에 알맞은 수를 써넣으세요.

$38 \div 8 = \square \cdots \square$

$47 \div 7 = \square \cdots \square$

$36 \div 5 = \square \cdots \square$

$46 \div 7 = \square \cdots \square$

$31 \div 6 = \square \cdots \square$

$75 \div 9 = \square \cdots \square$

$18 \div 4 = \square \cdots \square$

$28 \div 3 = \square \cdots \square$

$73 \div 8 = \square \cdots \square$

$83 \div 9 = \square \cdots \square$

$49 \div 5 = \square \cdots \square$

$35 \div 6 = \square \cdots \square$

빈칸에 알맞은 수를 써넣으세요.

13 ÷ 2 = □ … □

17 ÷ 3 = □ … □

19 ÷ 3 = □ … □

23 ÷ 4 = □ … □

25 ÷ 4 = □ … □

26 ÷ 5 = □ … □

17 ÷ 4 = □ … □

31 ÷ 5 = □ … □

33 ÷ 5 = □ … □

33 ÷ 4 = □ … □

35 ÷ 4 = □ … □

38 ÷ 4 = □ … □

빈칸에 알맞은 수를 써넣으세요.

$19 \div 7 = \square \cdots \square$

$23 \div 7 = \square \cdots \square$

$25 \div 8 = \square \cdots \square$

$31 \div 9 = \square \cdots \square$

$33 \div 6 = \square \cdots \square$

$27 \div 8 = \square \cdots \square$

$21 \div 6 = \square \cdots \square$

$24 \div 7 = \square \cdots \square$

$35 \div 9 = \square \cdots \square$

$32 \div 7 = \square \cdots \square$

$40 \div 6 = \square \cdots \square$

$47 \div 8 = \square \cdots \square$

빈칸에 알맞은 수를 써넣으세요.

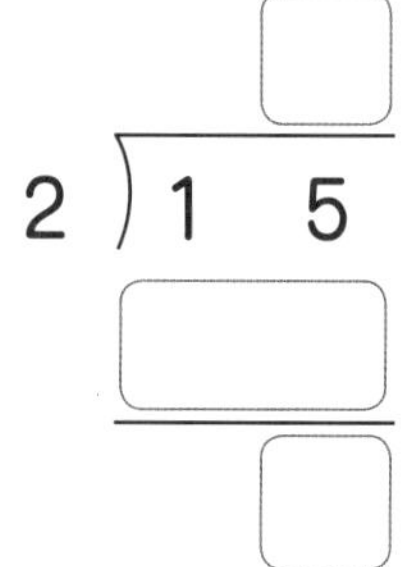

$2\overline{)15}$

$3\overline{)23}$

$3\overline{)19}$

$4\overline{)26}$

$2\overline{)19}$

$5\overline{)29}$

$5\overline{)31}$

$4\overline{)35}$

$3\overline{)28}$

빈칸에 알맞은 수를 써넣으세요.

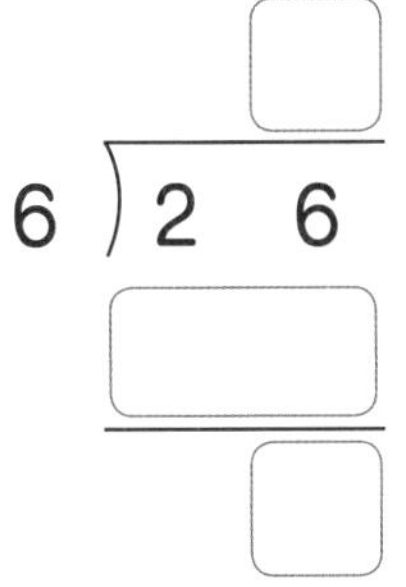

6) 2 6

7) 3 1

6) 3 5

9) 4 2

7) 2 7

6) 5 3

7) 5 7

8) 4 9

9) 2 8

빈칸에 알맞은 수를 써넣으세요.

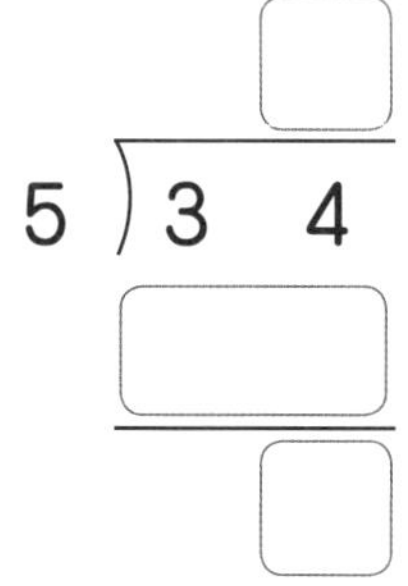

$$\begin{array}{r} \square \\ 5\overline{)3\ 4} \\ \underline{\square\square} \\ \square \end{array} \qquad \begin{array}{r} \square \\ 4\overline{)3\ 5} \\ \underline{\square\square} \\ \square \end{array} \qquad \begin{array}{r} \square \\ 3\overline{)2\ 5} \\ \underline{\square\square} \\ \square \end{array}$$

$$\begin{array}{r} \square \\ 8\overline{)3\ 7} \\ \underline{\square\square} \\ \square \end{array} \qquad \begin{array}{r} \square \\ 9\overline{)3\ 5} \\ \underline{\square\square} \\ \square \end{array} \qquad \begin{array}{r} \square \\ 6\overline{)2\ 7} \\ \underline{\square\square} \\ \square \end{array}$$

$$\begin{array}{r} \square \\ 7\overline{)2\ 9} \\ \underline{\square\square} \\ \square \end{array} \qquad \begin{array}{r} \square \\ 5\overline{)2\ 6} \\ \underline{\square\square} \\ \square \end{array} \qquad \begin{array}{r} \square \\ 7\overline{)3\ 1} \\ \underline{\square\square} \\ \square \end{array}$$

빈칸에 알맞은 수를 써넣으세요.

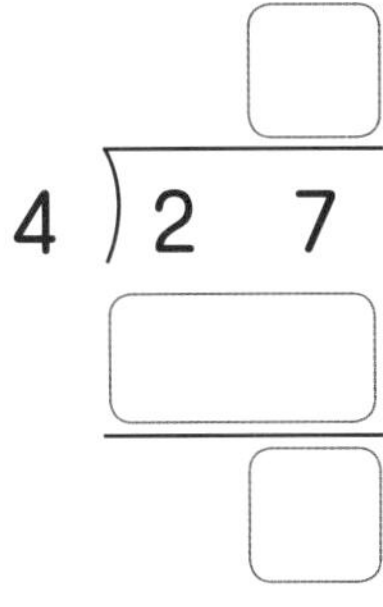

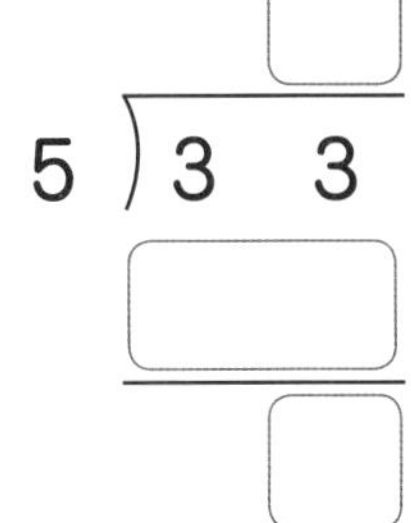

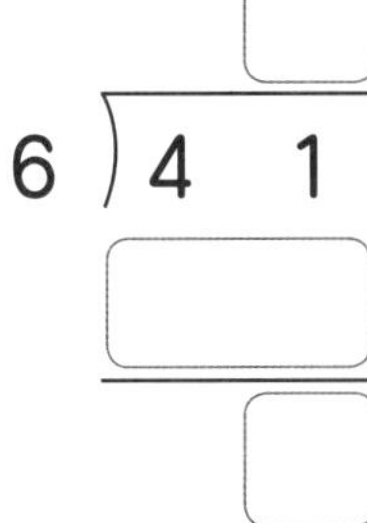

$7\overline{)33}$

$9\overline{)39}$

$8\overline{)35}$

$9\overline{)70}$

$6\overline{)51}$

$8\overline{)47}$

받아내림이 없는 (두 자리 수)÷(한 자리 수) (2)

나눗셈을 하여 빈칸에 몫과 나머지를 차례대로 써넣으세요.

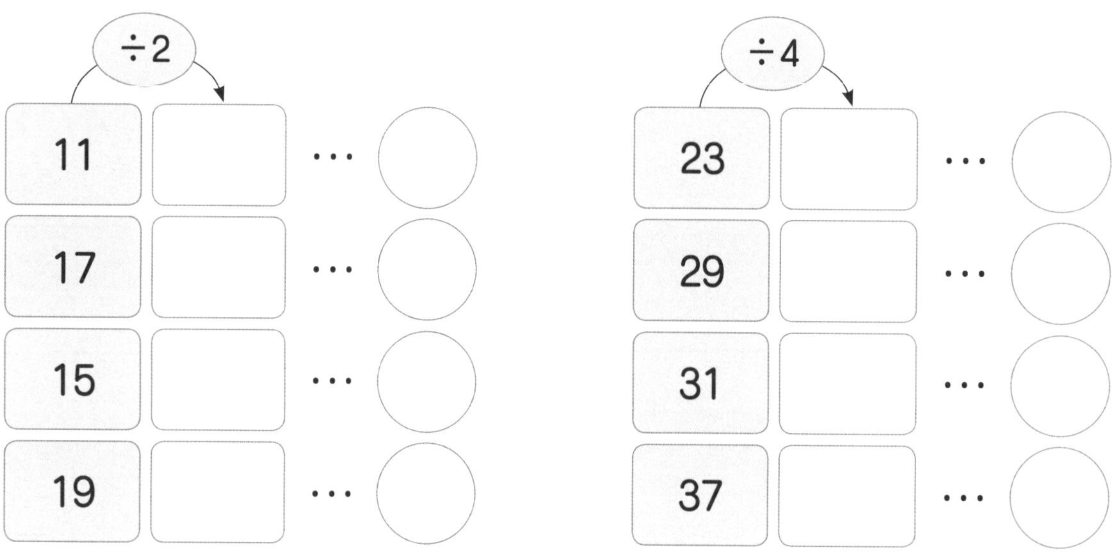

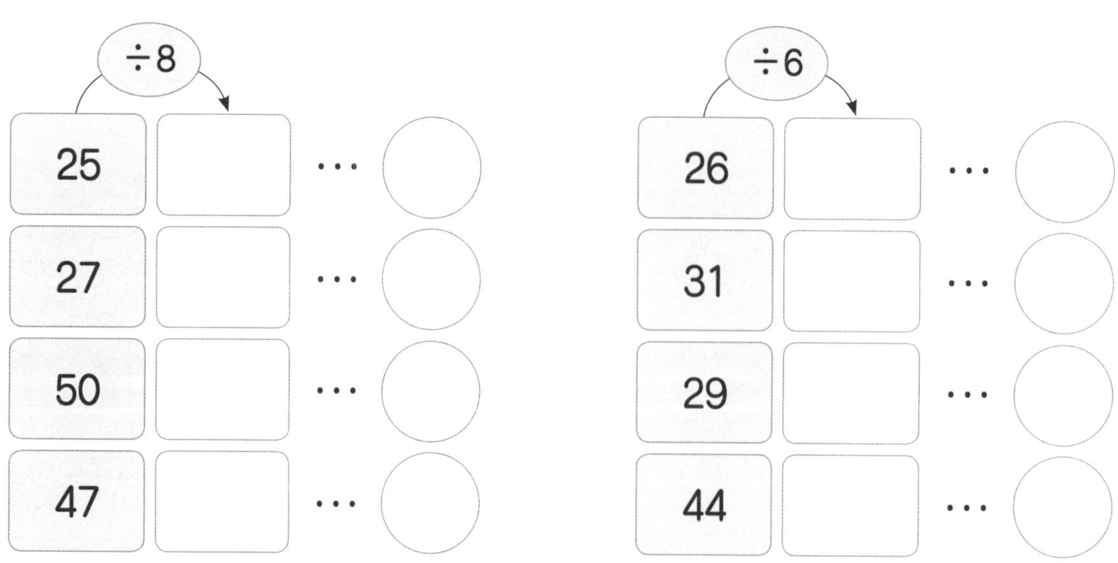

나눗셈을 하여 빈칸에 몫과 나머지를 차례대로 써넣으세요.

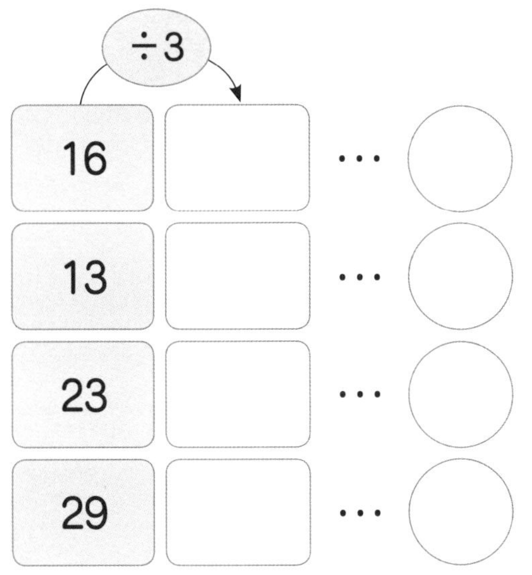

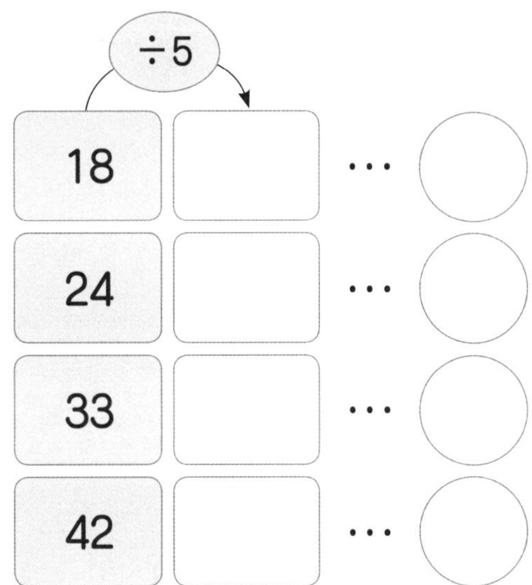

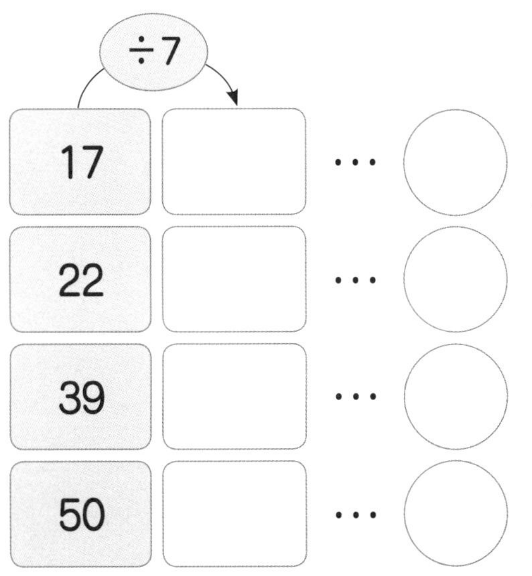

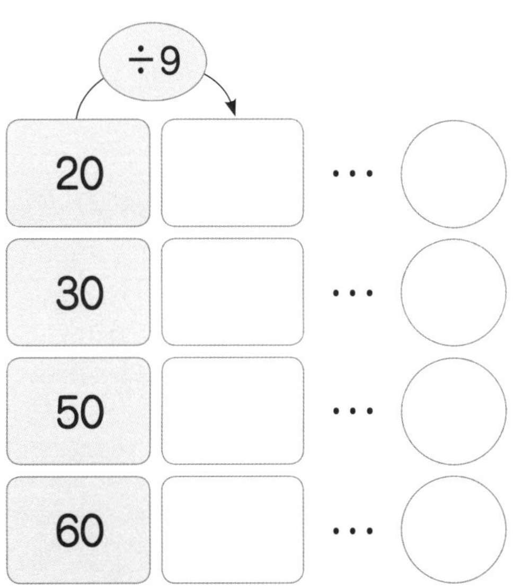

나눗셈을 하여 빈칸에 몫과 나머지를 차례대로 써넣으세요.

÷3	16	10	22	29	26
몫					
나머지					

÷6	22	33	25	47	50
몫					
나머지					

÷7	15	24	50	45	66
몫					
나머지					

나눗셈을 하여 빈칸에 몫과 나머지를 차례대로 써넣으세요.

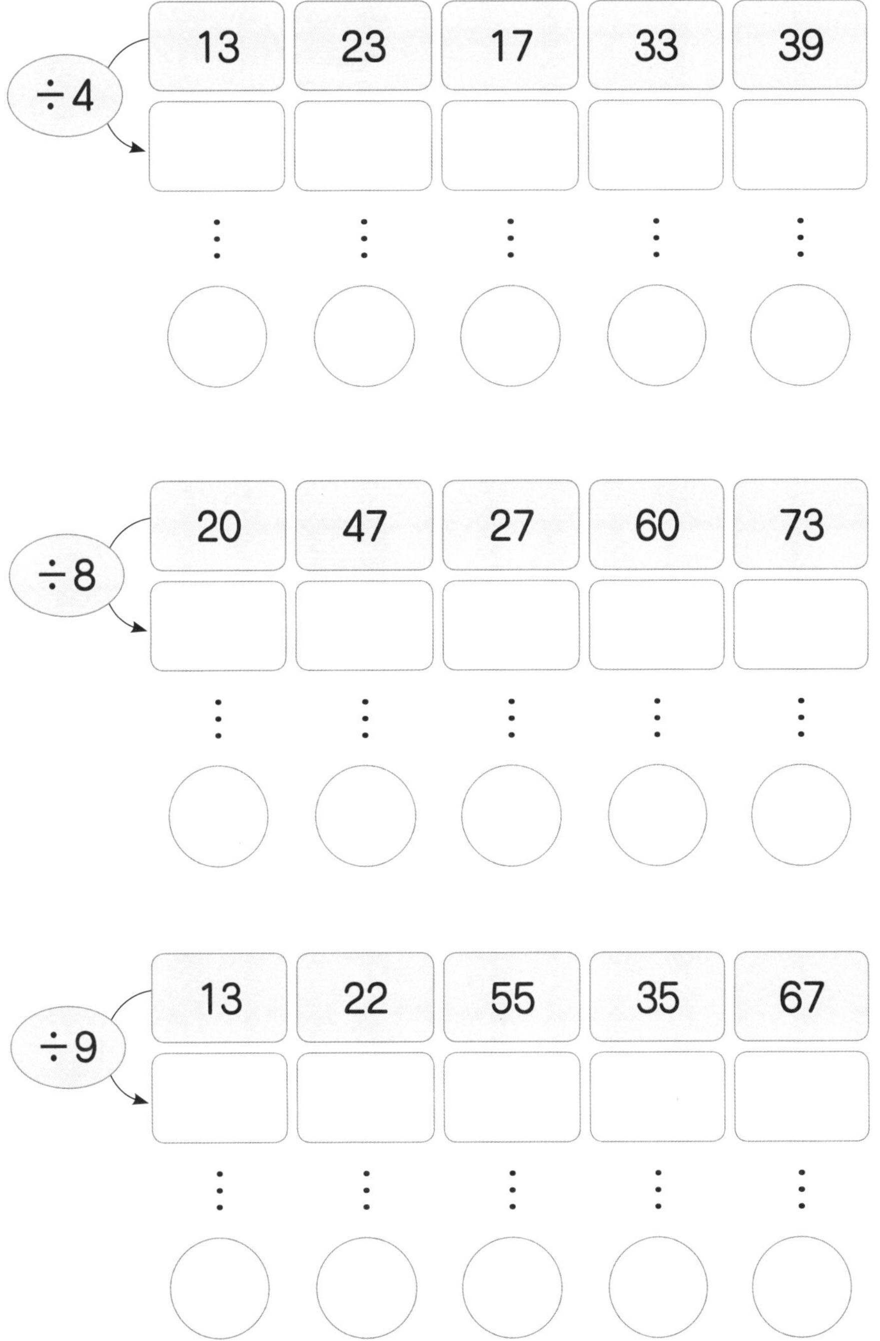

÷4	13	23	17	33	39
몫					
나머지					

÷8	20	47	27	60	73
몫					
나머지					

÷9	13	22	55	35	67
몫					
나머지					

2주차 drill

빈칸에 알맞은 수를 써넣어 검산식을 완성하세요.

$22 \div 4 = \boxed{5} \cdots \boxed{2}$ ⟶ 검산 $4 \times \boxed{5} + \boxed{2} = \boxed{22}$

$24 \div 5 = \boxed{} \cdots \boxed{}$ ⟶ 검산 $5 \times \boxed{} + \boxed{} = \boxed{}$

$18 \div 7 = \boxed{} \cdots \boxed{}$ ⟶ 검산 $7 \times \boxed{} + \boxed{} = \boxed{}$

$42 \div 8 = \boxed{} \cdots \boxed{}$ ⟶ 검산 $8 \times \boxed{} + \boxed{} = \boxed{}$

$28 \div 3 = \boxed{} \cdots \boxed{}$ ⟶ 검산 $3 \times \boxed{} + \boxed{} = \boxed{}$

$40 \div 6 = \boxed{} \cdots \boxed{}$ ⟶ 검산 $6 \times \boxed{} + \boxed{} = \boxed{}$

빈칸에 알맞은 수를 써넣어 검산식을 완성하세요.

$31 \div 6 = \square \cdots \square$ ⟶ 검산 $6 \times \square + \square = \square$

$15 \div 4 = \square \cdots \square$ ⟶ 검산 $4 \times \square + \square = \square$

$37 \div 4 = \square \cdots \square$ ⟶ 검산 $4 \times \square + \square = \square$

$57 \div 6 = \square \cdots \square$ ⟶ 검산 $6 \times \square + \square = \square$

$55 \div 9 = \square \cdots \square$ ⟶ 검산 $9 \times \square + \square = \square$

$57 \div 8 = \square \cdots \square$ ⟶ 검산 $8 \times \square + \square = \square$

빈칸에 알맞은 수를 써넣어 검산식을 완성하세요.

28 ÷ 3 = ☐ ··· ☐ ⟶ 검산 3 × ☐ + ☐ = ☐

35 ÷ 4 = ☐ ··· ☐ ⟶ 검산 4 × ☐ + ☐ = ☐

26 ÷ 7 = ☐ ··· ☐ ⟶ 검산 7 × ☐ + ☐ = ☐

15 ÷ 2 = ☐ ··· ☐ ⟶ 검산 2 × ☐ + ☐ = ☐

26 ÷ 5 = ☐ ··· ☐ ⟶ 검산 5 × ☐ + ☐ = ☐

32 ÷ 6 = ☐ ··· ☐ ⟶ 검산 6 × ☐ + ☐ = ☐

빈칸에 알맞은 수를 써넣어 검산식을 완성하세요.

$26 \div 5 = \square \cdots \square$ ⟶ 검산 $5 \times \square + \square = \square$

$30 \div 4 = \square \cdots \square$ ⟶ 검산 $4 \times \square + \square = \square$

$45 \div 7 = \square \cdots \square$ ⟶ 검산 $7 \times \square + \square = \square$

$33 \div 8 = \square \cdots \square$ ⟶ 검산 $8 \times \square + \square = \square$

$41 \div 9 = \square \cdots \square$ ⟶ 검산 $9 \times \square + \square = \square$

$60 \div 8 = \square \cdots \square$ ⟶ 검산 $8 \times \square + \square = \square$

3주차 drill

받아내림이 있는 (두 자리 수)÷(한 자리 수) (1)

빈칸에 알맞은 수를 써넣으세요.

34 ÷ 2 = 17
20 ÷ 2 = 10
14 ÷ 2 = 7

56 ÷ 2 = □
□ ÷ 2 = □
□ ÷ 2 = □

42 ÷ 3 = □
□ ÷ 3 = □
□ ÷ 3 = □

72 ÷ 6 = □
□ ÷ 6 = □
□ ÷ 6 = □

84 ÷ 7 = □
□ ÷ 7 = □
□ ÷ 7 = □

72 ÷ 3 = □
□ ÷ 3 = □
□ ÷ 3 = □

빈칸에 알맞은 수를 써넣으세요.

$56 \div 4 = \square$
$\square \div 4 = \square$
$\square \div 4 = \square$

$38 \div 2 = \square$
$\square \div 2 = \square$
$\square \div 2 = \square$

$76 \div 4 = \square$
$\square \div 4 = \square$
$\square \div 4 = \square$

$91 \div 7 = \square$
$\square \div 7 = \square$
$\square \div 7 = \square$

$84 \div 6 = \square$
$\square \div 6 = \square$
$\square \div 6 = \square$

$96 \div 8 = \square$
$\square \div 8 = \square$
$\square \div 8 = \square$

3주차 drill

빈칸에 알맞은 수를 써넣으세요.

$2\overline{)42}$

$3\overline{)45}$

$5\overline{)85}$

$4\overline{)52}$

$5\overline{)60}$

$6\overline{)72}$

$8\overline{)96}$

$7\overline{)77}$

$4\overline{)60}$

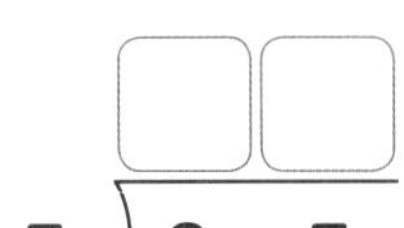

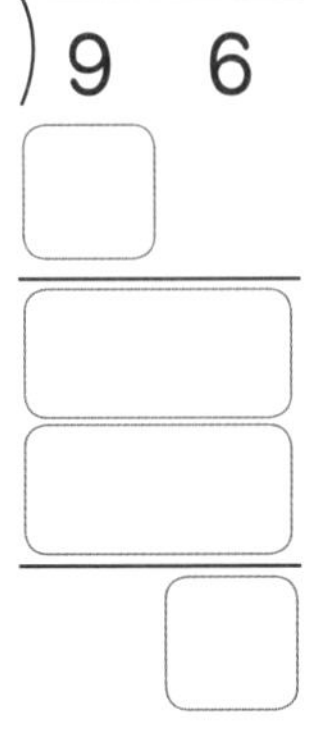

빈칸에 알맞은 수를 써넣으세요.

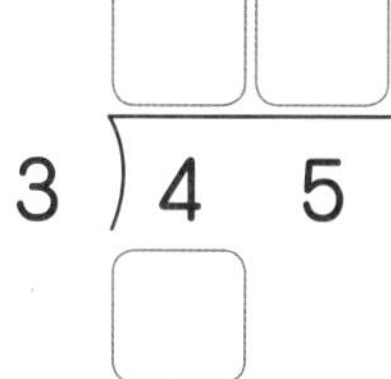
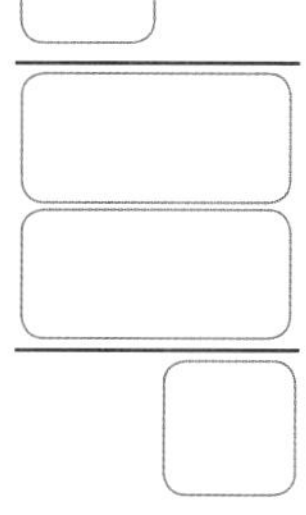
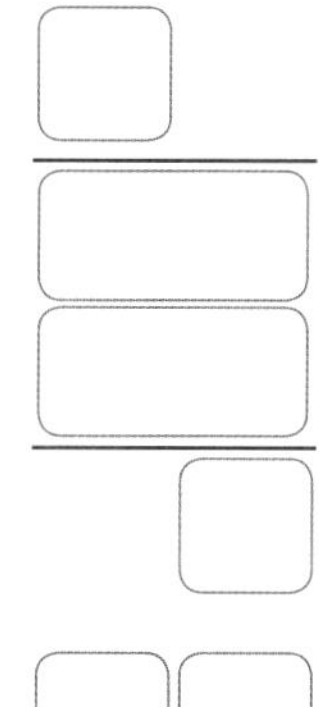

2) 3 0

3) 4 5

6) 7 2

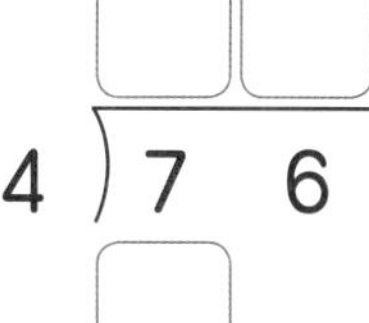
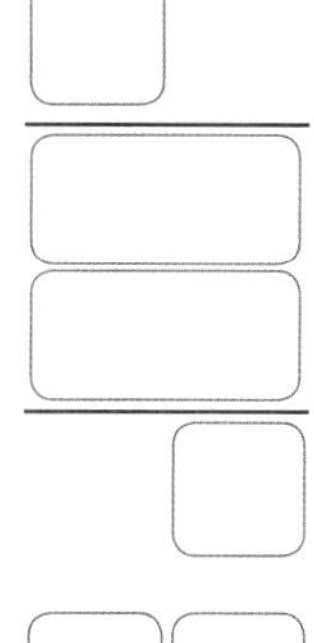

4) 7 6

3) 6 9

4) 9 2

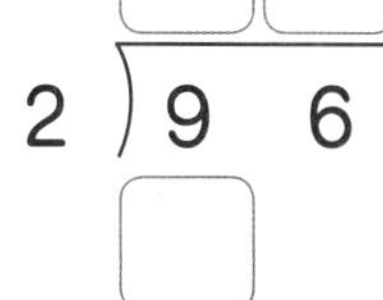
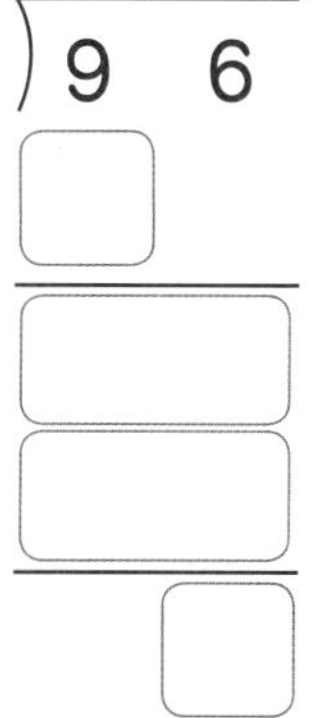

2) 9 6

7) 9 8

5) 9 5

빈칸에 알맞은 수를 써넣으세요.

2) 5 8

3) 4 5

6) 8 4

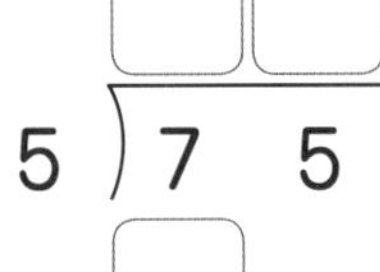

5) 7 5

7) 9 1

8) 9 6

6) 7 2

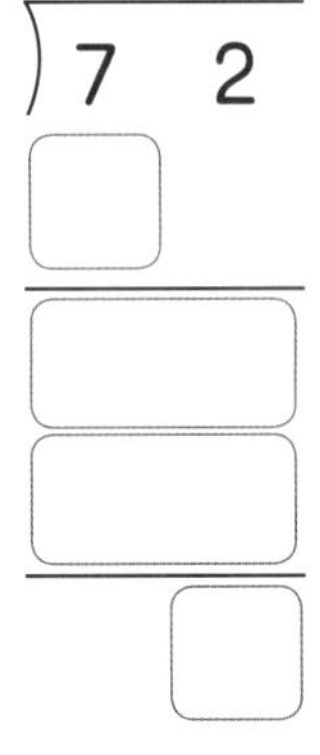

3) 8 4

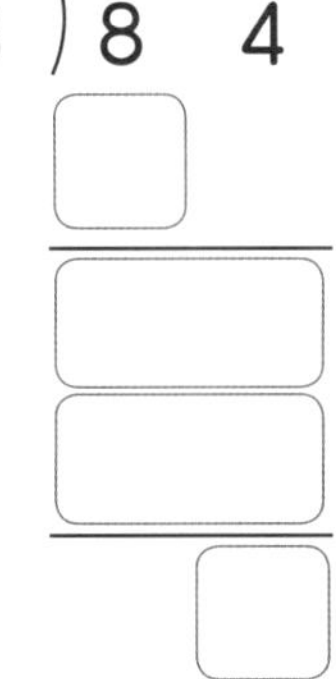

4) 7 2

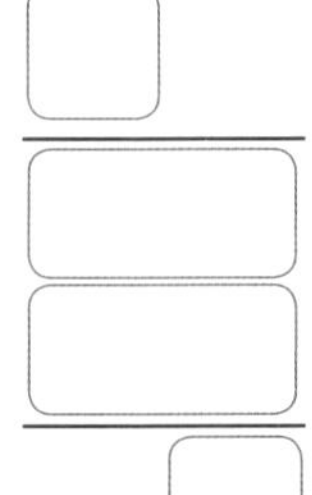

빈칸에 알맞은 수를 써넣으세요.

3) 7 8

5) 9 0

6) 7 8

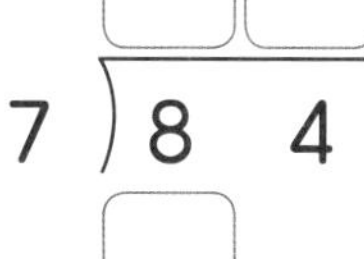

4) 6 0

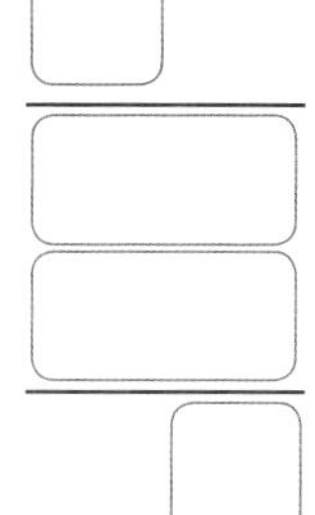

7) 8 4

2) 7 0

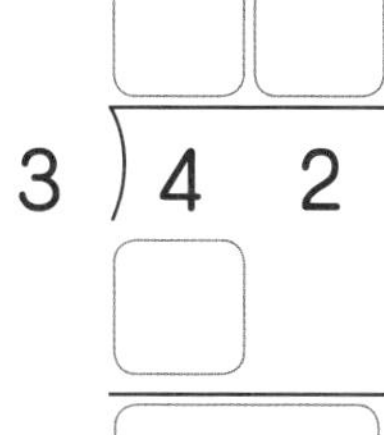

3) 4 2

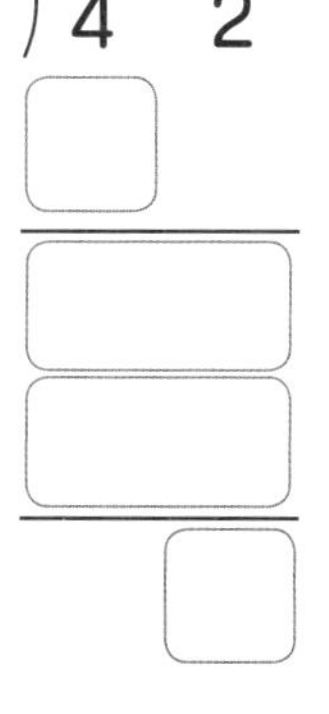

4) 7 6

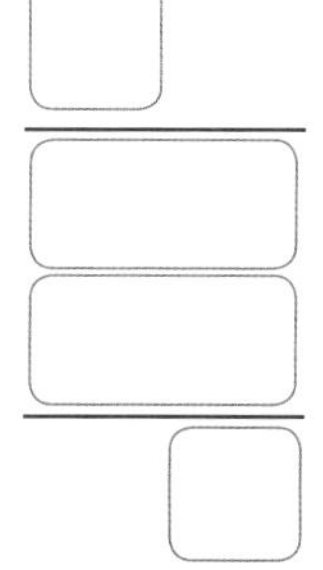

5) 8 5

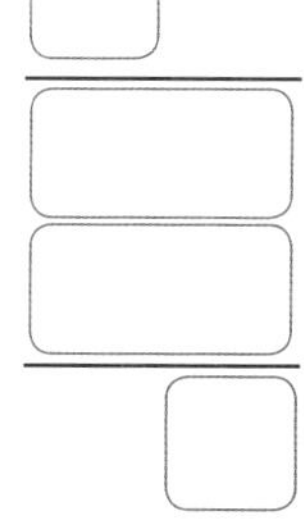

각 자리의 위치를 맞추어 빈칸에 알맞은 수를 써넣으세요.

$$\begin{array}{r} 15 \\ 3\overline{)45} \\ 3 \\ \hline 15 \\ 15 \\ \hline 0 \end{array}$$

$$2\overline{)50}$$

$$3\overline{)39}$$

$$2\overline{)64}$$

$$4\overline{)52}$$

$$3\overline{)69}$$

$$4\overline{)76}$$

$$2\overline{)74}$$

$$3\overline{)57}$$

각 자리의 위치를 맞추어 빈칸에 알맞은 수를 써넣으세요.

$7\overline{)84}$

$3\overline{)54}$

$2\overline{)38}$

$2\overline{)46}$

$7\overline{)98}$

$5\overline{)75}$

$6\overline{)84}$

$2\overline{)92}$

$3\overline{)78}$

받아내림이 있는 (두 자리 수)÷(한 자리 수) (2)

빈칸에 알맞은 수를 써넣으세요.

$4\overline{)49}$

$4\overline{)89}$

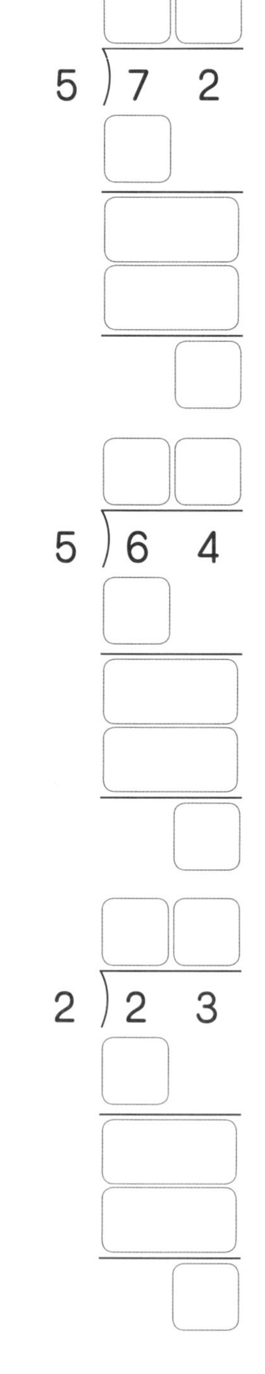

$6\overline{)88}$

$2\overline{)73}$

$4\overline{)94}$

$8\overline{)97}$

빈칸에 알맞은 수를 써넣으세요.

$3\overline{)82}$

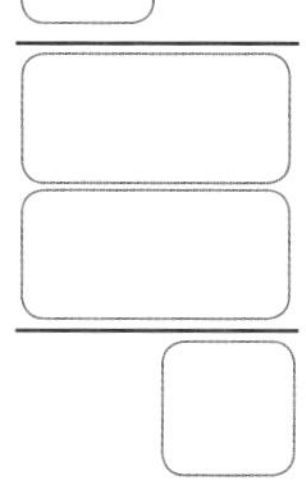

$3\overline{)46}$

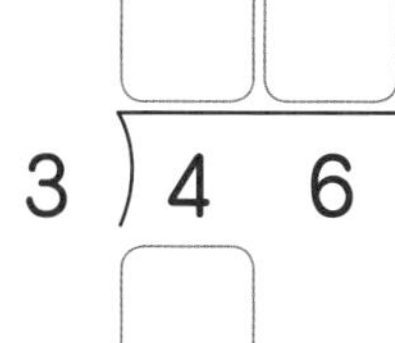
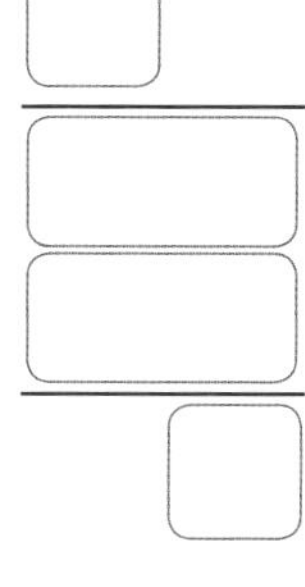

$2\overline{)67}$

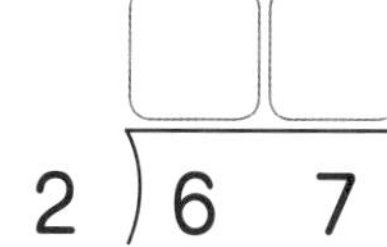

$5\overline{)71}$

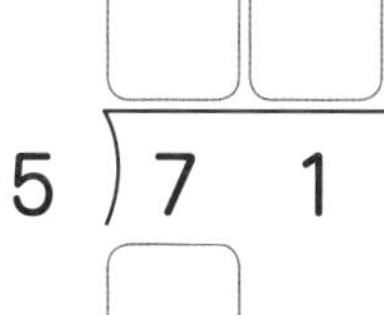
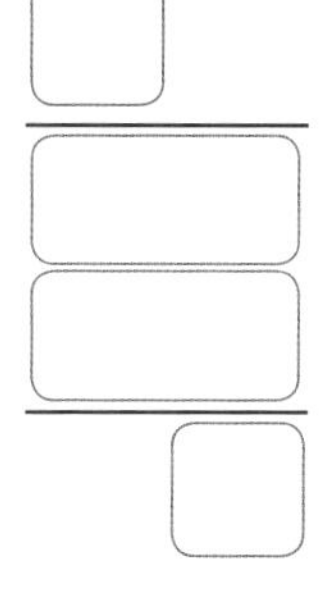

$3\overline{)65}$

$6\overline{)77}$

$7\overline{)83}$

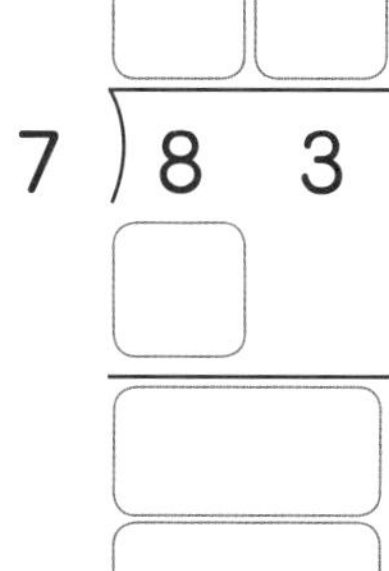

$8\overline{)98}$

$6\overline{)81}$

각 자리의 위치를 맞추어 빈칸에 알맞은 수를 써넣으세요.

```
    1 4
3 ) 4 3
    3
    ---
    1 3
    1 2
    ---
      1
```

4) 9 3

6) 9 5

3) 8 5

4) 6 7

2) 2 3

3) 8 0

7) 8 3

3) 5 2

각 자리의 위치를 맞추어 빈칸에 알맞은 수를 써넣으세요.

$4\overline{)62}$

$2\overline{)25}$

$5\overline{)89}$

$4\overline{)50}$

$4\overline{)90}$

$8\overline{)93}$

$7\overline{)81}$

$7\overline{)88}$

$6\overline{)98}$

4주차

drill

각 자리의 위치를 맞추어 빈칸에 알맞은 수를 써넣으세요.

$4\overline{)5\ 3}$	$6\overline{)8\ 7}$	$5\overline{)6\ 2}$
$3\overline{)7\ 4}$	$4\overline{)7\ 1}$	$2\overline{)6\ 9}$
$7\overline{)8\ 0}$	$6\overline{)7\ 3}$	$4\overline{)5\ 3}$

각 자리의 위치를 맞추어 빈칸에 알맞은 수를 써넣으세요.

$2\overline{)39}$

$4\overline{)47}$

$4\overline{)57}$

$5\overline{)72}$

$5\overline{)87}$

$8\overline{)92}$

$3\overline{)73}$

$7\overline{)93}$

$6\overline{)87}$

빈칸에 알맞은 수를 써넣으세요.

□ 4 3) 7 3 6 □ 3 1 □ □	□ 2 □) 4 9 4 □ □ 1	3 □ □) □ □ 1 9 1 □ 1
□ 7 □) 8 7 5 3 7 □ 2	2 □ 2) □ □ 1 8 1 □ 0	□ □ 3) 9 □ 9 7 □ □
□ □ 2) 9 □ 8 1 1 □ □	1 □ □) 6 9 □ 2 □ 2 8 1	□ 5 5) 7 □ □ 2 5 □ 0

빈칸에 알맞은 수를 써넣으세요.

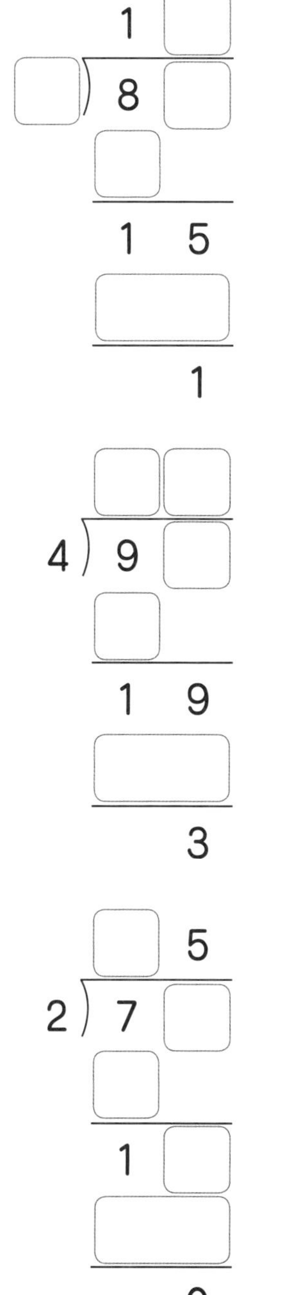

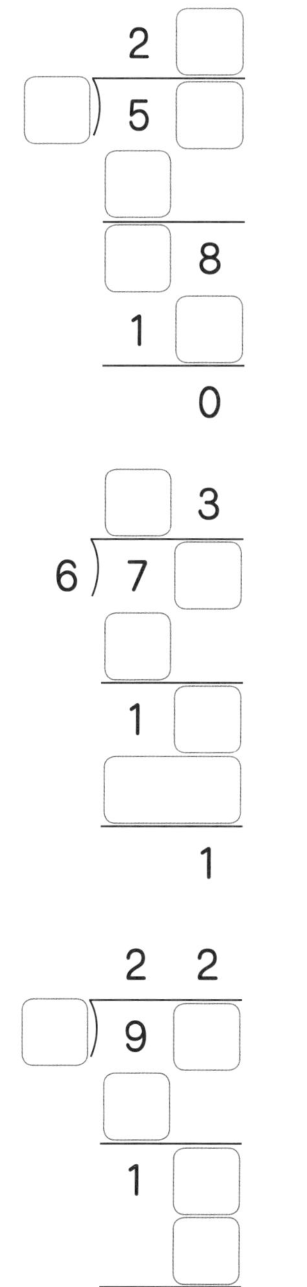

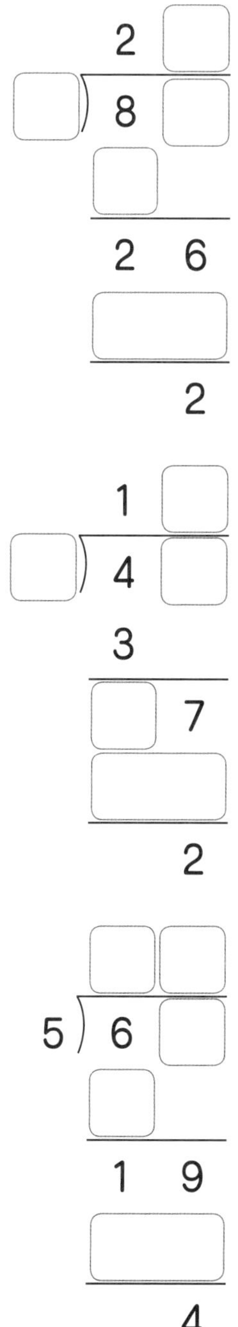

Note

소마의 마술같은 원리셈

정답

정답

P 10 ~ 11

1 일차 나머지가 있는 나눗셈

그림을 보고 나머지가 있는 나눗셈을 알아보고, 빈칸에 알맞은 수를 써넣으세요.

구슬 14개를 4개씩 묶으면 3묶음이고, 2개가 남습니다.

몫 나머지

14 ÷ 4 = 3 ··· 2

13 ÷ 5 = 2 ··· 3

15 ÷ 7 = 2 ··· 1

16 ÷ 3 = 5 ··· 1

17 ÷ 6 = 2 ··· 5

TIP
나머지는 항상 나누는 수보다 작습니다. 나머지가 나누는 수보다 크면 더 나눌 수 있다는 뜻이므로 나머지는 나누는 수보다 항상 작아지게 됩니다.

10 소마셈 - C3

1주 월 일

빈칸에 알맞은 수를 써넣으세요.

9 ÷ 2 = 4 ··· 1

13 ÷ 2 = 6 ··· 1

10 ÷ 3 = 3 ··· 1

14 ÷ 3 = 4 ··· 2

11 ÷ 4 = 2 ··· 3

13 ÷ 4 = 3 ··· 1

15 ÷ 6 = 2 ··· 3

1주 - 받아내림이 없는 (두 자리 수)÷(한 자리 수) (1) 11

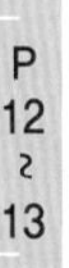

P 12 ~ 13

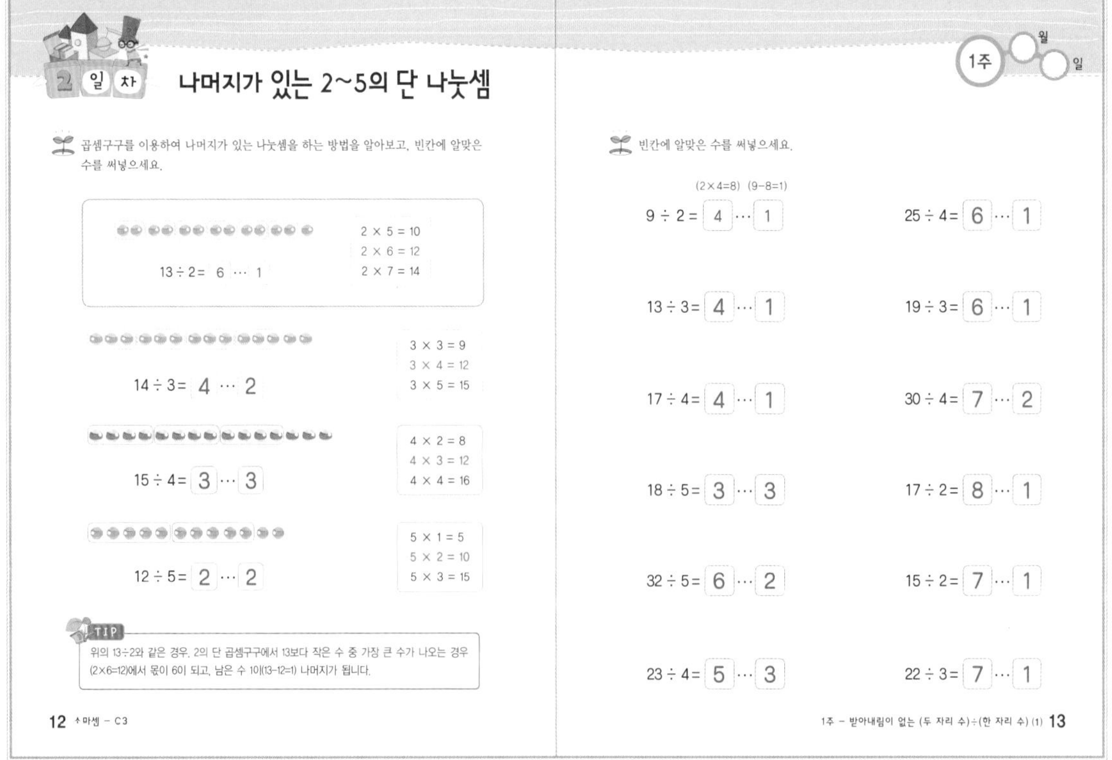

2 일차 나머지가 있는 2~5의 단 나눗셈

곱셈구구를 이용하여 나머지가 있는 나눗셈을 하는 방법을 알아보고, 빈칸에 알맞은 수를 써넣으세요.

13 ÷ 2 = 6 ··· 1

2 × 5 = 10
2 × 6 = 12
2 × 7 = 14

14 ÷ 3 = 4 ··· 2

3 × 3 = 9
3 × 4 = 12
3 × 5 = 15

15 ÷ 4 = 3 ··· 3

4 × 2 = 8
4 × 3 = 12
4 × 4 = 16

12 ÷ 5 = 2 ··· 2

5 × 1 = 5
5 × 2 = 10
5 × 3 = 15

TIP
위의 13÷2와 같은 경우, 2의 단 곱셈구구에서 13보다 작은 수 중 가장 큰 수가 나오는 경우 (2×6=12)에서 몫이 6이 되고, 남은 수 1이(13-12=1) 나머지가 됩니다.

12 소마셈 - C3

1주 월 일

빈칸에 알맞은 수를 써넣으세요.

(2×4=8) (9-8=1)

9 ÷ 2 = 4 ··· 1	25 ÷ 4 = 6 ··· 1
13 ÷ 3 = 4 ··· 1	19 ÷ 3 = 6 ··· 1
17 ÷ 4 = 4 ··· 1	30 ÷ 4 = 7 ··· 2
18 ÷ 5 = 3 ··· 3	17 ÷ 2 = 8 ··· 1
32 ÷ 5 = 6 ··· 2	15 ÷ 2 = 7 ··· 1
23 ÷ 4 = 5 ··· 3	22 ÷ 3 = 7 ··· 1

1주 - 받아내림이 없는 (두 자리 수)÷(한 자리 수) (1) 13

빈칸에 알맞은 수를 써넣으세요.

(5×3=15) (17−15=2)

17 ÷ 5 = 3 ··· 2

20 ÷ 3 = 6 ··· 2

14 ÷ 4 = 3 ··· 2

18 ÷ 4 = 4 ··· 2

16 ÷ 3 = 5 ··· 1

28 ÷ 5 = 5 ··· 3

36 ÷ 5 = 7 ··· 1

16 ÷ 3 = 5 ··· 1

24 ÷ 5 = 4 ··· 4

13 ÷ 2 = 6 ··· 1

33 ÷ 4 = 8 ··· 1

29 ÷ 3 = 9 ··· 2

나머지가 있는 6~9의 단 나눗셈

곱셈구구를 이용하여 나머지가 있는 나눗셈을 하는 방법을 알아보고, 빈칸에 알맞은 수를 써넣으세요.

20 ÷ 6 = 3 ··· 2

6 × 2 = 12
6 × 3 = 18
6 × 4 = 24

22 ÷ 7 = 3 ··· 1

7 × 2 = 14
7 × 3 = 21
7 × 4 = 28

20 ÷ 8 = 2 ··· 4

8 × 1 = 8
8 × 2 = 16
8 × 3 = 24

39 ÷ 9 = 4 ··· 3

9 × 3 = 27
9 × 4 = 36
9 × 5 = 45

TIP
위의 20÷6과 같은 경우, 6의 단 곱셈구구에서 20보다 작은 수 중 가장 큰 수가 나오는 경우 (6×3=18)에서 몫이 3이 되고, 남은 수 2가(20−18=2) 나머지가 됩니다.

빈칸에 알맞은 수를 써넣으세요.

(6×4=24) (25−24=1)

25 ÷ 6 = 4 ··· 1

17 ÷ 8 = 2 ··· 1

16 ÷ 7 = 2 ··· 2

20 ÷ 9 = 2 ··· 2

24 ÷ 7 = 3 ··· 3

28 ÷ 8 = 3 ··· 4

37 ÷ 8 = 4 ··· 5

50 ÷ 9 = 5 ··· 5

39 ÷ 6 = 6 ··· 3

27 ÷ 7 = 3 ··· 6

30 ÷ 9 = 3 ··· 3

33 ÷ 8 = 4 ··· 1

1주 월 일

빈칸에 알맞은 수를 써넣으세요.

(9×2=18) (21−18=3)

21 ÷ 9 = 2 ··· 3

40 ÷ 6 = 6 ··· 4

36 ÷ 7 = 5 ··· 1

46 ÷ 9 = 5 ··· 1

25 ÷ 8 = 3 ··· 1

57 ÷ 8 = 7 ··· 1

38 ÷ 9 = 4 ··· 2

52 ÷ 7 = 7 ··· 3

55 ÷ 6 = 9 ··· 1

50 ÷ 7 = 7 ··· 1

59 ÷ 8 = 7 ··· 3

56 ÷ 6 = 9 ··· 2

정답

P 18 ~ 19

4 일 차 세로셈 (1)

각 자리의 위치를 맞추어 빈칸에 알맞은 수를 써넣으세요.

(4×6=24) (26-24=2)

26 ÷ 4 = 6 … 2

6 4) 2 6 2 4 ← (4×6=24) 2 ← (26-24=2)

9 2) 1 9 1 8 1	8 3) 2 5 2 4 1	5 3) 1 7 1 5 2
6 5) 3 3 3 0 3	8 4) 3 3 3 2 1	6 7) 4 6 4 2 4

빈칸에 알맞은 수를 써넣으세요.

7 4) 3 0 2 8 2	5 5) 2 9 2 5 4	7 6) 4 6 4 2 4
5 6) 3 4 3 0 4	7 8) 5 7 5 6 1	8 5) 4 2 4 0 2
4 7) 3 0 2 8 2	4 9) 3 8 3 6 2	8 7) 5 7 5 6 1

P 20 ~ 21

세로셈 (2)

각 자리의 위치를 맞추어 빈칸에 알맞은 수를 써넣으세요.

6 5) 3 2 3 0 2	9 3) 2 9 2 7 2	7 4) 3 0 2 8 2
9 5) 4 6 4 5 1	7 3) 2 2 2 1 1	4 7) 3 4 2 8 6
8 8) 6 9 6 4 5	8 2) 1 7 1 6 1	6 7) 4 4 4 2 2

각 자리의 위치를 맞추어 빈칸에 알맞은 수를 써넣으세요.

4 6) 2 5 2 4 1	8 5) 4 3 4 0 3	5 7) 3 9 3 5 4
8 8) 6 8 6 4 4	6 9) 6 0 5 4 6	3 7) 2 3 2 1 2
4 8) 3 7 3 2 5	8 9) 7 8 7 2 6	6 8) 5 0 4 8 2

P 24 ~ 25

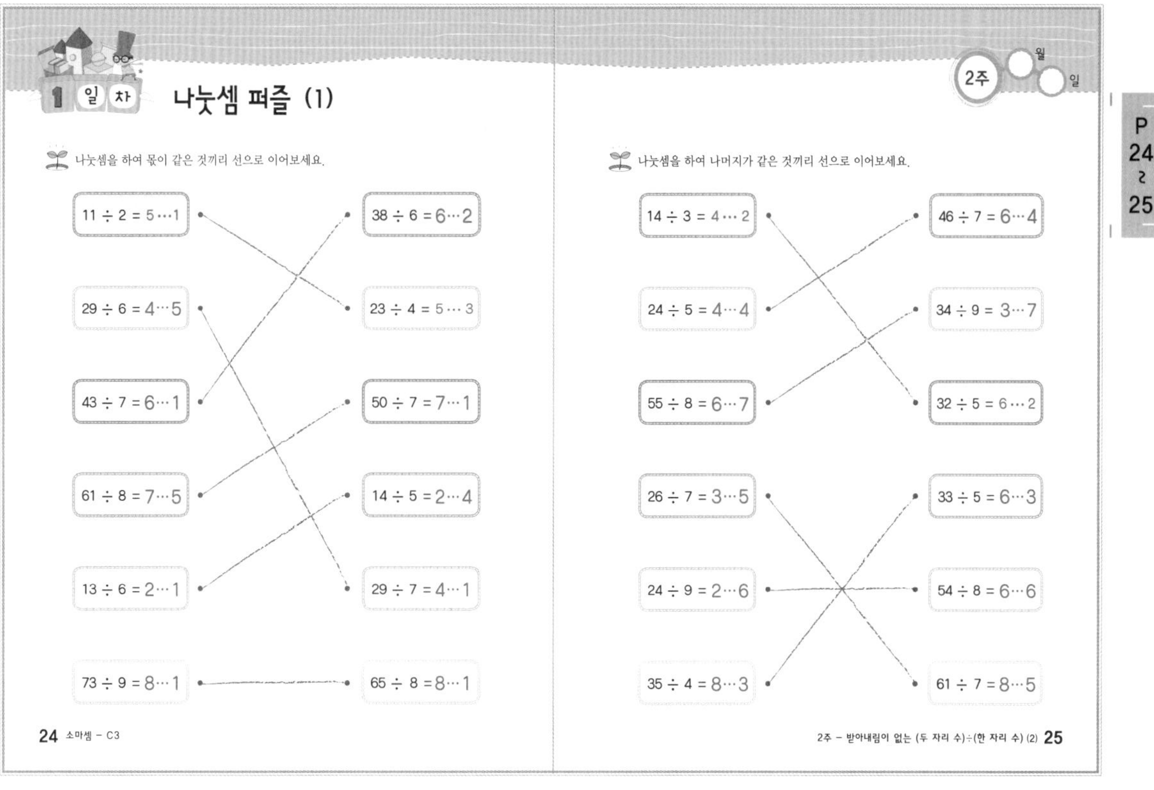

1일차 나눗셈 퍼즐 (1)

나눗셈을 하여 몫이 같은 것끼리 선으로 이어보세요.

11 ÷ 2 = 5 … 1	38 ÷ 6 = 6 … 2
29 ÷ 6 = 4 … 5	23 ÷ 4 = 5 … 3
43 ÷ 7 = 6 … 1	50 ÷ 7 = 7 … 1
61 ÷ 8 = 7 … 5	14 ÷ 5 = 2 … 4
13 ÷ 6 = 2 … 1	29 ÷ 7 = 4 … 1
73 ÷ 9 = 8 … 1	65 ÷ 8 = 8 … 1

24 소마셈 – C3

2주 월 일

나눗셈을 하여 나머지가 같은 것끼리 선으로 이어보세요.

14 ÷ 3 = 4 … 2	46 ÷ 7 = 6 … 4
24 ÷ 5 = 4 … 4	34 ÷ 9 = 3 … 7
55 ÷ 8 = 6 … 7	32 ÷ 5 = 6 … 2
26 ÷ 7 = 3 … 5	33 ÷ 5 = 6 … 3
24 ÷ 9 = 2 … 6	54 ÷ 8 = 6 … 6
35 ÷ 4 = 8 … 3	61 ÷ 7 = 8 … 5

2주 – 받아내림이 없는 (두 자리 수)÷(한 자리 수) (2) 25

P 26 ~ 27

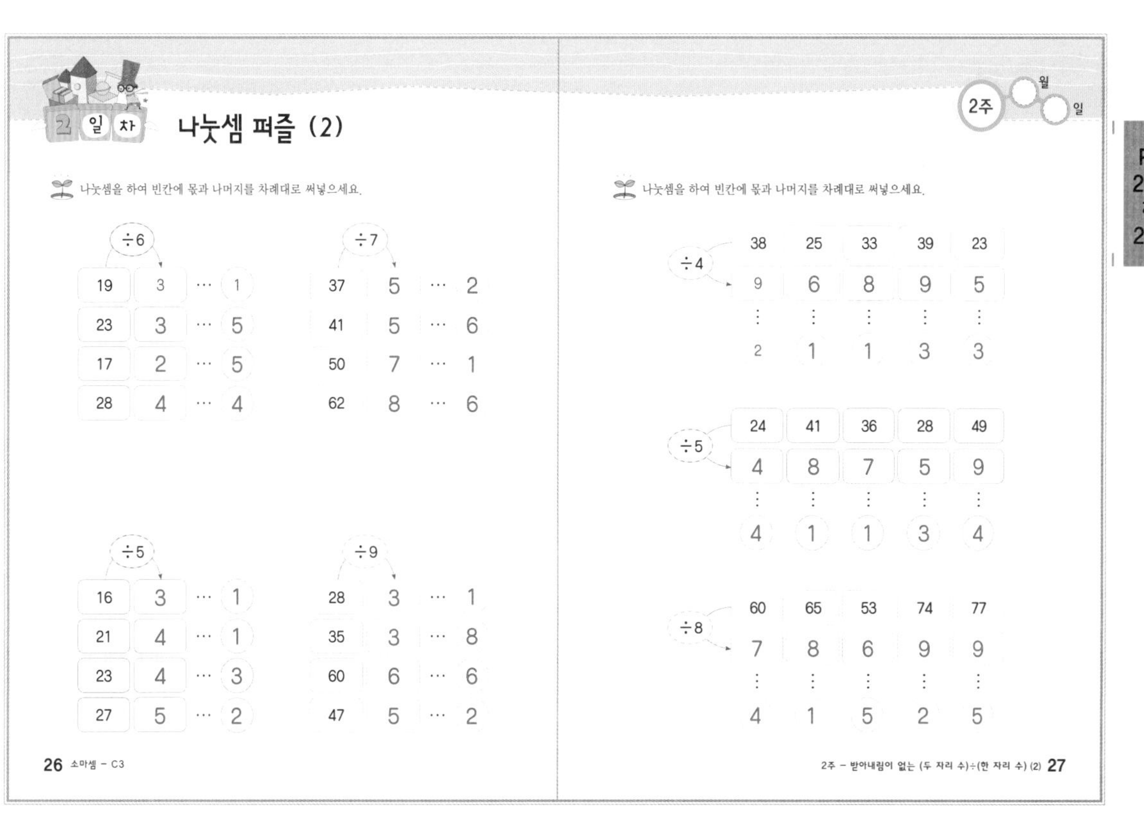

2일차 나눗셈 퍼즐 (2)

나눗셈을 하여 빈칸에 몫과 나머지를 차례대로 써넣으세요.

÷6

	몫		나머지
19	3	…	1
23	3	…	5
17	2	…	5
28	4	…	4

÷7

	몫		나머지
37	5	…	2
41	5	…	6
50	7	…	1
62	8	…	6

÷5

	몫		나머지
16	3	…	1
21	4	…	1
23	4	…	3
27	5	…	2

÷9

	몫		나머지
28	3	…	1
35	3	…	8
60	6	…	6
47	5	…	2

26 소마셈 – C3

2주 월 일

나눗셈을 하여 빈칸에 몫과 나머지를 차례대로 써넣으세요.

÷4

38	25	33	39	23
9	6	8	9	5
⋮	⋮	⋮	⋮	⋮
2	1	1	3	3

÷5

24	41	36	28	49
4	8	7	5	9
⋮	⋮	⋮	⋮	⋮
4	1	1	3	4

÷8

60	65	53	74	77
7	8	6	9	9
⋮	⋮	⋮	⋮	⋮
4	1	5	2	5

2주 – 받아내림이 없는 (두 자리 수)÷(한 자리 수) (2) 27

P 28 ~ 29

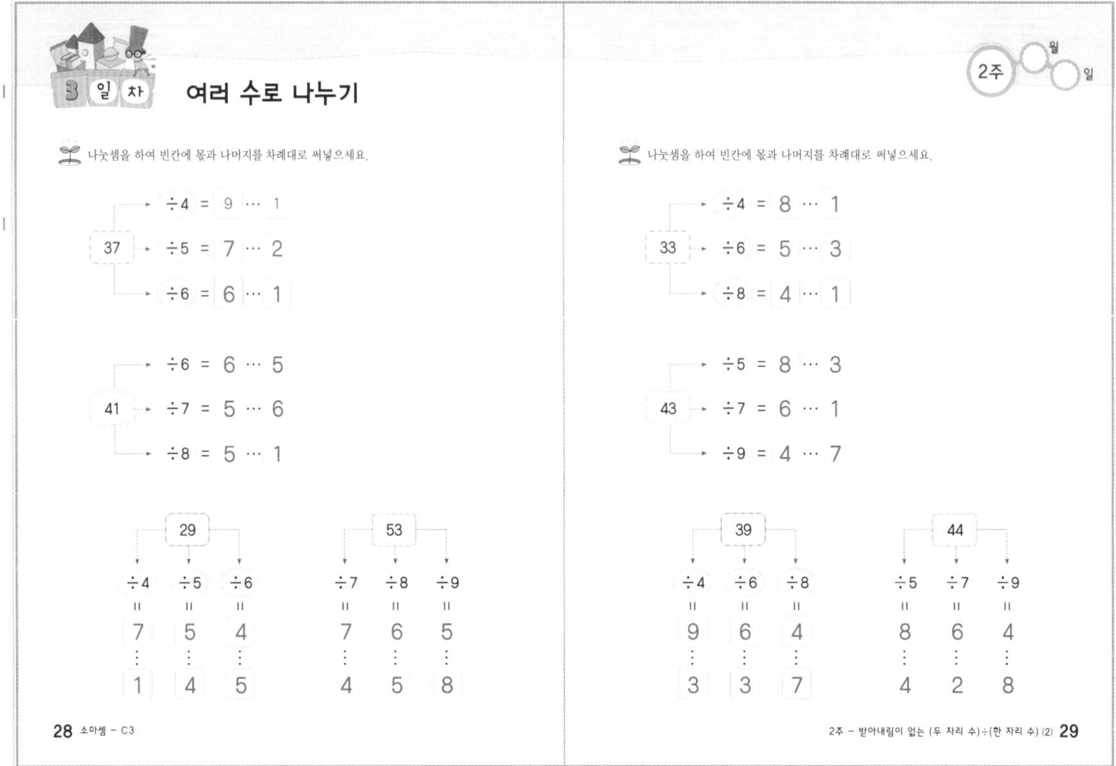

3 일차 여러 수로 나누기

나눗셈을 하여 빈칸에 몫과 나머지를 차례대로 써넣으세요.

37 → ÷4 = 9 ⋯ 1, ÷5 = 7 ⋯ 2, ÷6 = 6 ⋯ 1

41 → ÷6 = 6 ⋯ 5, ÷7 = 5 ⋯ 6, ÷8 = 5 ⋯ 1

29 → ÷4 = 7 ⋯ 1, ÷5 = 5 ⋯ 4, ÷6 = 4 ⋯ 5

53 → ÷7 = 7 ⋯ 4, ÷8 = 6 ⋯ 5, ÷9 = 5 ⋯ 8

28 소마셈 - C3

2주 월 일

나눗셈을 하여 빈칸에 몫과 나머지를 차례대로 써넣으세요.

33 → ÷4 = 8 ⋯ 1, ÷6 = 5 ⋯ 3, ÷8 = 4 ⋯ 1

43 → ÷5 = 8 ⋯ 3, ÷7 = 6 ⋯ 1, ÷9 = 4 ⋯ 7

39 → ÷4 = 9 ⋯ 3, ÷6 = 6 ⋯ 3, ÷8 = 4 ⋯ 7

44 → ÷5 = 8 ⋯ 4, ÷7 = 6 ⋯ 2, ÷9 = 4 ⋯ 8

2주 - 받아내림이 없는 (두 자리 수)÷(한 자리 수) (2) 29

P 30 ~ 31

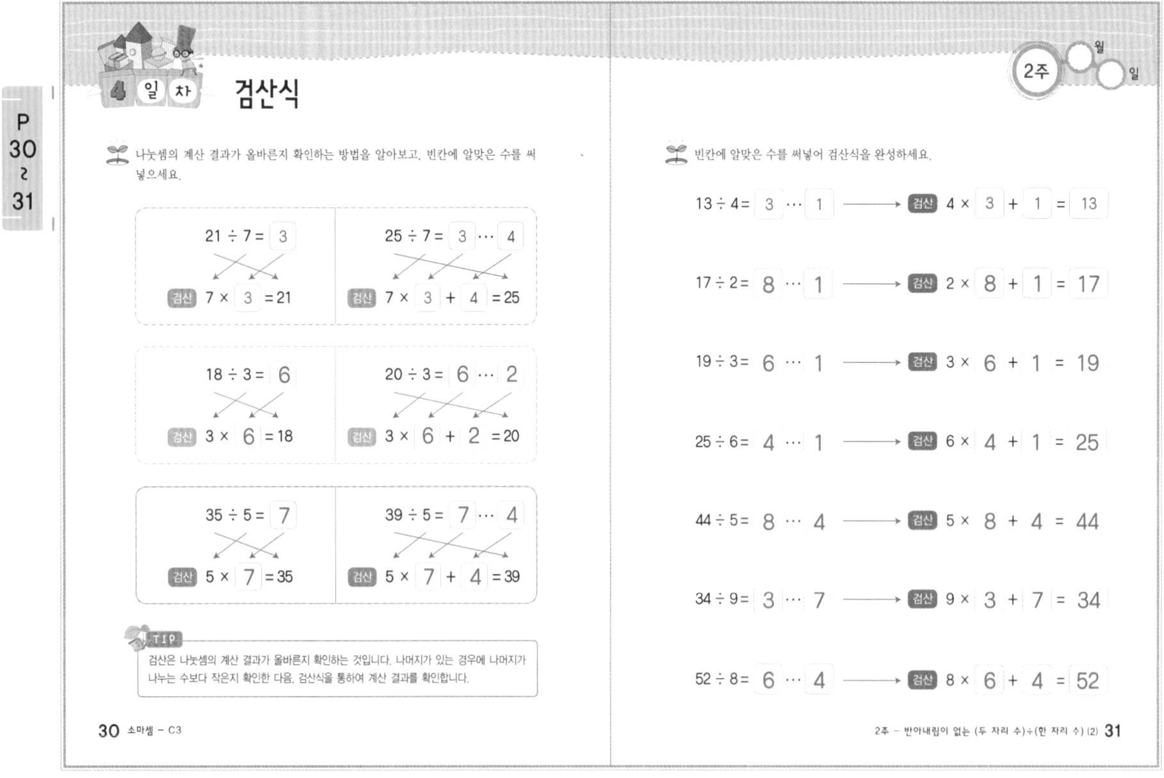

4 일차 검산식

나눗셈의 계산 결과가 올바른지 확인하는 방법을 알아보고, 빈칸에 알맞은 수를 써넣으세요.

21 ÷ 7 = 3 — 검산 7 × 3 = 21

25 ÷ 7 = 3 ⋯ 4 — 검산 7 × 3 + 4 = 25

18 ÷ 3 = 6 — 검산 3 × 6 = 18

20 ÷ 3 = 6 ⋯ 2 — 검산 3 × 6 + 2 = 20

35 ÷ 5 = 7 — 검산 5 × 7 = 35

39 ÷ 5 = 7 ⋯ 4 — 검산 5 × 7 + 4 = 39

TIP
검산은 나눗셈의 계산 결과가 올바른지 확인하는 것입니다. 나머지가 있는 경우에 나머지가 나누는 수보다 작은지 확인한 다음, 검산식을 통하여 계산 결과를 확인합니다.

30 소마셈 - C3

2주 월 일

빈칸에 알맞은 수를 써넣어 검산식을 완성하세요.

13 ÷ 4 = 3 ⋯ 1 → 검산 4 × 3 + 1 = 13

17 ÷ 2 = 8 ⋯ 1 → 검산 2 × 8 + 1 = 17

19 ÷ 3 = 6 ⋯ 1 → 검산 3 × 6 + 1 = 19

25 ÷ 6 = 4 ⋯ 1 → 검산 6 × 4 + 1 = 25

44 ÷ 5 = 8 ⋯ 4 → 검산 5 × 8 + 4 = 44

34 ÷ 9 = 3 ⋯ 7 → 검산 9 × 3 + 7 = 34

52 ÷ 8 = 6 ⋯ 4 → 검산 8 × 6 + 4 = 52

2주 - 받아내림이 없는 (두 자리 수)÷(한 자리 수) (2) 31

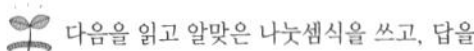

5일차 문장제

다음을 읽고 알맞은 나눗셈식을 쓰고, 답을 구하세요.

학생 25명이 한 대에 7명씩 탈 수 있는 차를 타고 견학을 가려고 합니다. 차는 적어도 몇 대가 필요할까요?

식 : $25 \div 7 = 3 \cdots 4$ 　 4 대

과자 37개를 한 상자에 5개씩 포장하려고 합니다. 과자를 모두 포장하려면 상자는 적어도 몇 개 필요할까요?

식 : $37 \div 5 = 7 \cdots 2$ 　 8 개

TIP
위의 문제 $25 \div 7 = 3 \cdots 4$에서 7명씩 3대에 타면 4명이 남고, 남은 4명도 차를 타야 하므로 차는 적어도 $3+1=4$(대)가 필요합니다.

다음을 읽고 알맞은 나눗셈식을 쓰고, 답을 구하세요.

귤 20개를 한 접시에 6개씩 나누어 담으려고 합니다. 귤은 몇 접시가 되고, 몇 개가 남을까요?

식 : $20 \div 6 = 3 \cdots 2$ 　 3 접시, 2 개

한 봉지에 3개씩 들어 있는 사탕이 7봉지 있습니다. 이 사탕을 한 사람에게 5개씩 나누어 주려고 합니다. 몇 명이 가질 수 있고, 몇 개가 남을까요?

식 : $3 \times 7 = 21$, $21 \div 5 = 4 \cdots 1$ 　 4 명, 1 개

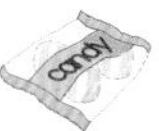

P 32 ~ 33

다음을 읽고 알맞은 나눗셈식을 쓰고, 답을 구하세요.

학생 28명이 8명씩 모둠을 만들려고 합니다. 모둠에 들지 못한 남은 학생은 몇 명일까요?

식 : $28 \div 8 = 3 \cdots 4$ 　 4 명

선미는 한 상자에 9개씩 들어 있는 지우개 2상자가 있습니다. 이 지우개를 친구들에게 4개씩 나누어 선물하려고 합니다. 몇 명에게 줄 수 있고, 몇 개가 남을까요?

식 : $9 \times 2 = 18$, $18 \div 4 = 4 \cdots 2$ 　 4 명, 2 개

구슬 30개를 한 주머니에 7개씩 모두 담아 보관하려고 합니다. 주머니는 적어도 몇 개 필요할까요?

식 : $30 \div 7 = 4 \cdots 2$ 　 5 개

2주

다음을 읽고 알맞은 나눗셈식을 쓰고, 답을 구하세요.

토마토 34개를 1명에게 6개씩 나누어 주려고 합니다. 몇 명에게 나누어 줄 수 있고, 몇 개가 남을까요?

식 : $34 \div 6 = 5 \cdots 4$ 　 5 명, 4 개

사과 39개를 한 상자에 8개씩 나누어 담으려고 합니다. 남는 사과가 없도록 모두 담으려면 상자는 적어도 몇 개가 필요할까요?

식 : $39 \div 8 = 4 \cdots 7$ 　 5 개

승희는 스티커 35장을 친구 4명에게 똑같이 나누어 주고 남은 것을 가졌습니다. 승희가 가진 스티커는 몇 장일까요?

식 : $35 \div 4 = 8 \cdots 3$ 　 3 장

P 34 ~ 35

정답

P 38 ~ 39

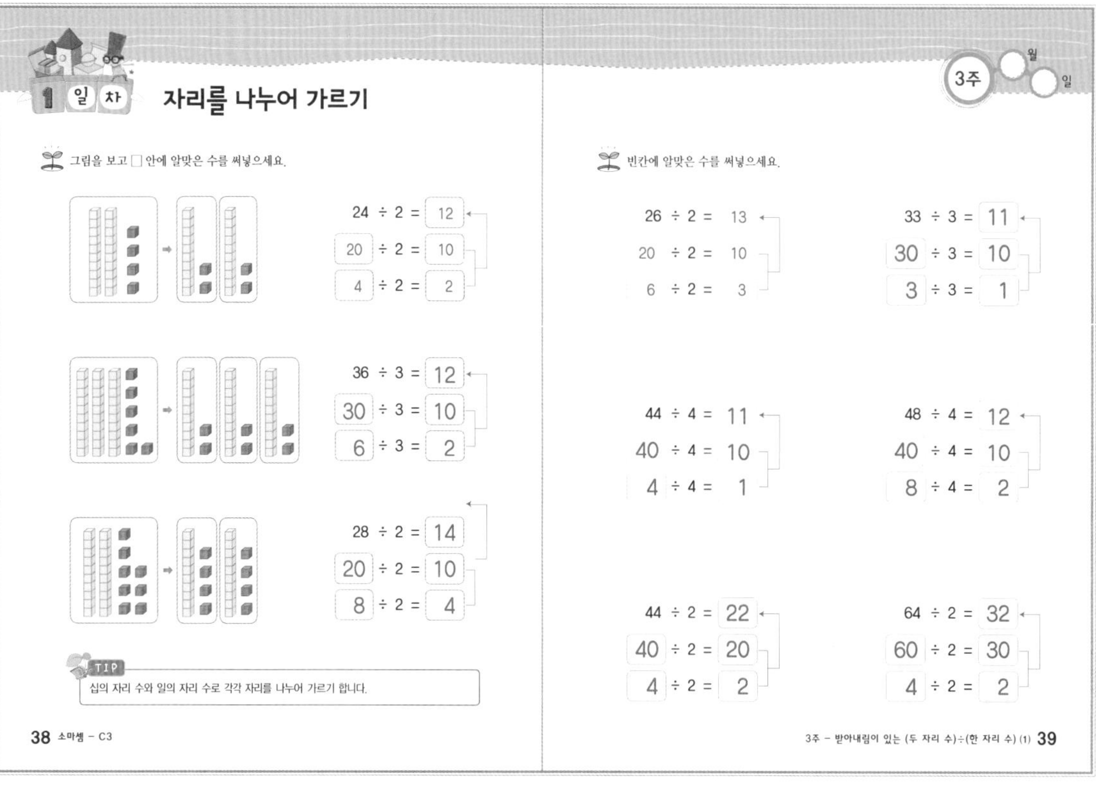

1일차 자리를 나누어 가르기

그림을 보고 □ 안에 알맞은 수를 써넣으세요.

24 ÷ 2 = 12
20 ÷ 2 = 10
4 ÷ 2 = 2

36 ÷ 3 = 12
30 ÷ 3 = 10
6 ÷ 3 = 2

28 ÷ 2 = 14
20 ÷ 2 = 10
8 ÷ 2 = 4

TIP
십의 자리 수와 일의 자리 수로 각각 자리를 나누어 가르기 합니다.

38 소마셈 – C3

3주 월 일

빈칸에 알맞은 수를 써넣으세요.

26 ÷ 2 = 13
20 ÷ 2 = 10
6 ÷ 2 = 3

33 ÷ 3 = 11
30 ÷ 3 = 10
3 ÷ 3 = 1

44 ÷ 4 = 11
40 ÷ 4 = 10
4 ÷ 4 = 1

48 ÷ 4 = 12
40 ÷ 4 = 10
8 ÷ 4 = 2

44 ÷ 2 = 22
40 ÷ 2 = 20
4 ÷ 2 = 2

64 ÷ 2 = 32
60 ÷ 2 = 30
4 ÷ 2 = 2

3주 – 받아내림이 있는 (두 자리 수)÷(한 자리 수) (1) 39

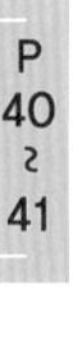

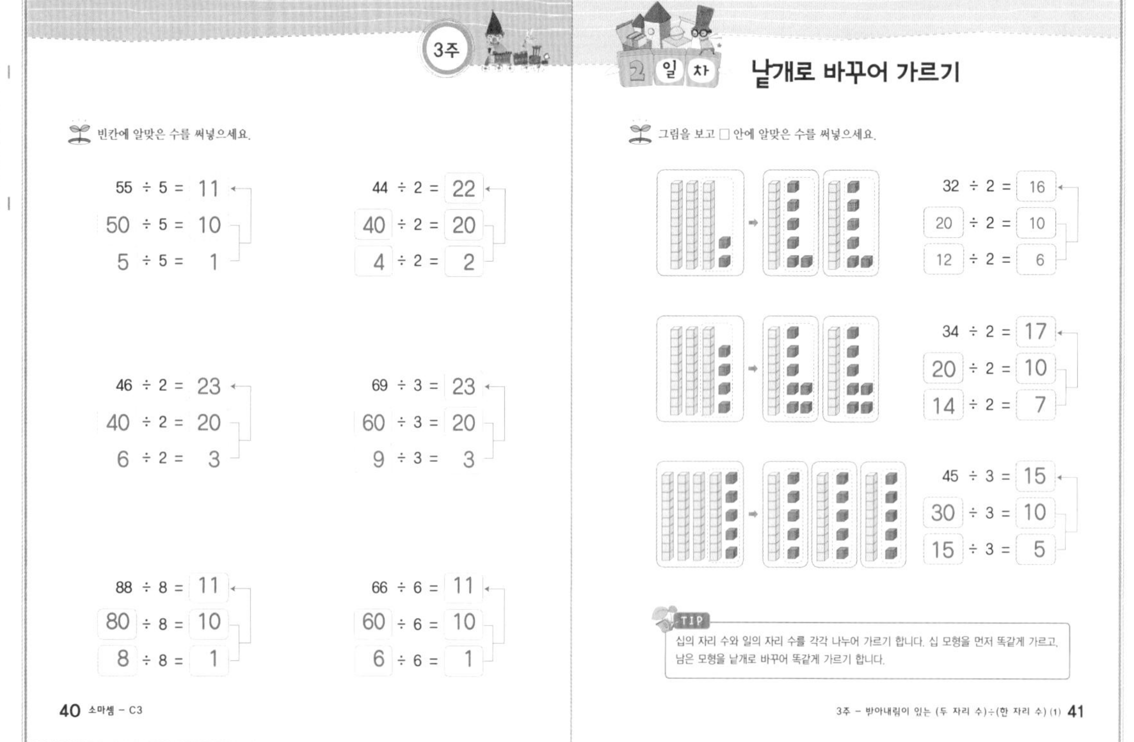

3주

빈칸에 알맞은 수를 써넣으세요.

55 ÷ 5 = 11
50 ÷ 5 = 10
5 ÷ 5 = 1

44 ÷ 2 = 22
40 ÷ 2 = 20
4 ÷ 2 = 2

46 ÷ 2 = 23
40 ÷ 2 = 20
6 ÷ 2 = 3

69 ÷ 3 = 23
60 ÷ 3 = 20
9 ÷ 3 = 3

88 ÷ 8 = 11
80 ÷ 8 = 10
8 ÷ 8 = 1

66 ÷ 6 = 11
60 ÷ 6 = 10
6 ÷ 6 = 1

40 소마셈 – C3

2일차 낱개로 바꾸어 가르기

그림을 보고 □ 안에 알맞은 수를 써넣으세요.

32 ÷ 2 = 16
20 ÷ 2 = 10
12 ÷ 2 = 6

34 ÷ 2 = 17
20 ÷ 2 = 10
14 ÷ 2 = 7

45 ÷ 3 = 15
30 ÷ 3 = 10
15 ÷ 3 = 5

TIP
십의 자리 수와 일의 자리 수를 각각 나누어 가르기 합니다. 십 모형을 먼저 똑같게 가르고, 남은 모형을 낱개로 바꾸어 똑같게 가르기 합니다.

3주 – 받아내림이 있는 (두 자리 수)÷(한 자리 수) (1) 41

P 42 ~ 43

신나는 연산!

빈칸에 알맞은 수를 써넣으세요.

32 ÷ 2 = 16
20 ÷ 2 = 10
12 ÷ 2 = 6

36 ÷ 2 = 18
20 ÷ 2 = 10
16 ÷ 2 = 8

48 ÷ 3 = 16
30 ÷ 3 = 10
18 ÷ 3 = 6

56 ÷ 4 = 14
40 ÷ 4 = 10
16 ÷ 4 = 4

52 ÷ 4 = 13
40 ÷ 4 = 10
12 ÷ 4 = 3

38 ÷ 2 = 19
20 ÷ 2 = 10
18 ÷ 2 = 9

3주 월 일

빈칸에 알맞은 수를 써넣으세요.

78 ÷ 3 = 26
60 ÷ 3 = 20
18 ÷ 3 = 6

50 ÷ 2 = 25
40 ÷ 2 = 20
10 ÷ 2 = 5

52 ÷ 2 = 26
40 ÷ 2 = 20
12 ÷ 2 = 6

58 ÷ 2 = 29
40 ÷ 2 = 20
18 ÷ 2 = 9

72 ÷ 3 = 24
60 ÷ 3 = 20
12 ÷ 3 = 4

75 ÷ 3 = 25
60 ÷ 3 = 20
15 ÷ 3 = 5

P 44 ~ 45

3일차

세로셈 (1)

각 자리의 위치를 맞추어 빈칸에 알맞은 수를 써넣으세요.

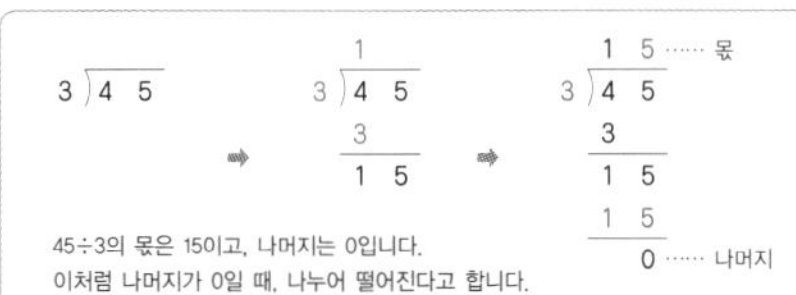

```
                  1              1 5 …… 몫
3)4 5   ➡   3)4 5   ➡   3)4 5
                3                3
                1 5              1 5
                                 1 5
                                   0 …… 나머지
```

45÷3의 몫은 15이고, 나머지는 0입니다.
이처럼 나머지가 0일 때, 나누어 떨어진다고 합니다.

```
                 1              1 9
2)3 8   ➡  2)3 8   ➡  2)3 8
               2              2
               1 8            1 8
                              1 8
                                0
```

```
                 2              2 5
3)7 5   ➡  3)7 5   ➡  3)7 5
               6              6
               1 5            1 5
                              1 5
                                0
```


3주 월 일

빈칸에 알맞은 수를 써넣으세요.

```
   2 3        1 7        1 6
2)4 6      2)3 4      3)4 8
  4          2          3
    6        1 4        1 8
    6        1 4        1 8
    0          0          0
```

```
   1 5        1 3        4 6
5)7 5      6)7 8      2)9 2
  5          6          8
  2 5        1 8        1 2
  2 5        1 8        1 2
    0          0          0
```

```
   1 9        1 7        1 2
4)7 6      3)5 1      5)6 0
  4          3          5
  3 6        2 1        1 0
  3 6        2 1        1 0
    0          0          0
```

정답

P 46 ~ 47

3주

빈칸에 알맞은 수를 써넣으세요.

```
   18       14       18
4)72     6)84     3)54
  4        6        3
  32       24       24
  32       24       24
   0        0        0

   14       12       13
4)56     7)84     7)91
  4        7        7
  16       14       21
  16       14       21
   0        0        0

   12       15       16
8)96     6)90     5)80
  8        6        5
  16       30       30
  16       30       30
   0        0        0
```


4일차 세로셈 (2)

각 자리의 위치를 맞추어 빈칸에 알맞은 수를 써넣으세요.

```
   16       17       24
3)48     3)51     2)48
  3        3        4
  18       21        8
  18       21        8
   0        0        0

   26       14       13
2)52     4)56     5)65
  4        4        5
  12       16       15
  12       16       15
   0        0        0

   14       47       23
6)84     2)94     3)69
  6        8        6
  24       14        9
  24       14        9
   0        0        0
```


P 48 ~ 49

3주 월 일

각 자리의 위치를 맞추어 빈칸에 알맞은 수를 써넣으세요.

```
   34       18       14
2)68     4)72     5)70
  6        4        5
   8       32       20
   8       32       20
   0        0        0

   14       19       14
6)84     5)95     7)98
  6        5        7
  24       45       28
  24       45       28
   0        0        0

   15       12       26
4)60     6)72     3)78
  4        6        6
  20       12       18
  20       12       18
   0        0        0
```

5일차 문장제

다음을 읽고 알맞은 나눗셈식을 쓰고, 답을 구하세요.

사과 30개가 있습니다. 그 중에서 2개는 썩어서 버렸고, 남은 사과를 2명이 똑같이 나누어 가졌습니다. 한 사람이 몇 개씩 가지게 될까요?

식 : 30 - 2 = 28, 28 ÷ 2 = 14　　14 개

정우는 색종이 52장을 가지고 있습니다. 한 사람에게 4장씩 나누어 준다면, 몇 명에게 나누어 줄 수 있을까요?

식 : 52 ÷ 4 = 13　　13 명

 다음을 읽고 알맞은 나눗셈식을 쓰고, 답을 구하세요.

상수네 반은 남학생이 19명, 여학생이 23명입니다. 이 학생들을 3명씩 한 모둠으로 만들려면, 모두 몇 모둠을 만들 수 있을까요?

식 : 19＋23＝42 , 42÷3＝14 　 14 모둠

도너츠가 9개씩 6줄로 포장되어 있습니다. 2명의 친구들이 나누어 가지려면 한 사람이 몇 개씩 가지게 될까요?

식 : 9×6＝54 , 54÷2＝27 　 27 개

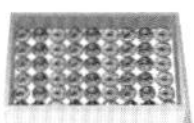

다음을 읽고 알맞은 나눗셈식을 쓰고, 답을 구하세요.

장미가 84송이 있습니다. 장미를 6송이씩 묶어서 꽃다발을 만들려고 합니다. 꽃다발을 모두 몇 개를 만들 수 있을까요?

식 : 84 ÷ 6＝14 　 14 개

배가 80개 있습니다. 그 중에서 15개를 팔고, 남은 배를 상자 한 개에 5개씩 담아서 포장하였습니다. 포장한 상자는 몇 개일까요?

식 : 80 - 15＝65 , 65 ÷ 5＝13 　 13 개

경석이는 한 통에 5개씩 들어 있는 껌 9통을 가지고 있습니다. 이 껌을 친구 3명에게 똑같이 나누어 주려고 합니다. 한 사람이 몇 개씩 가질 수 있을까요?

식 : 5×9＝45 , 45 ÷ 3＝15 　 15 개

P 50 ~ 51

 다음을 읽고 알맞은 나눗셈식을 쓰고, 답을 구하세요.

준형이 할머니께서 밤 95개를 가지고 오셨습니다. 이 중에서 썩은 것 3개를 버리고, 남은 밤을 네 사람에게 똑같이 나누어 주려고 합니다. 한 사람이 몇 개씩 가지게 될까요?

식 : 95 - 3＝92 , 92÷4＝23 　 23 개

여학생 40명과 남학생 38명이 있습니다. 이 학생들이 과학실에 있는 책상 6개에 똑같이 나누어 앉는다면, 책상 한 개에 몇 명씩 앉을 수 있을까요?

식 : 40＋38＝78 , 78÷6＝13 　 13 명

빈 병 81개를 상자에 담으려고 합니다. 한 상자에 3개씩 담는다면 필요한 상자는 모두 몇 개일까요?

식 : 81÷3＝27 　 27 개

P 52

P 54 ~ 55

1일차 세로셈 (1)

각 자리의 위치를 맞추어 빈칸에 알맞은 수를 써넣으세요.

4) 5 4 ➡ 1 / 4) 5 4 / 4 / 1 4 ➡ 1 3 ······ 몫 / 4) 5 4 / 4 / 1 4 / 1 2 / 2 ······ 나머지

54÷4의 몫은 13이고, 나머지는 2입니다.
나머지는 항상 나누는 수보다 작아야 합니다.

2) 3 5 ➡ 1 / 2) 3 5 / 2 / 1 5 ➡ 1 7 / 2) 3 5 / 2 / 1 5 / 1 4 / 1

3) 8 2 ➡ 2 / 3) 8 2 / 6 / 2 2 ➡ 2 7 / 3) 8 2 / 6 / 2 2 / 2 1 / 1

4주 월 일

빈칸에 알맞은 수를 써넣으세요.

1 6 / 3) 4 9 / 3 / 1 9 / 1 8 / 1

1 3 / 4) 5 5 / 4 / 1 5 / 1 2 / 3

1 7 / 3) 5 3 / 3 / 2 3 / 2 1 / 2

1 8 / 2) 3 7 / 2 / 1 7 / 1 6 / 1

1 6 / 4) 6 5 / 4 / 2 5 / 2 4 / 1

2 4 / 4) 9 7 / 8 / 1 7 / 1 6 / 1

1 5 / 5) 7 7 / 5 / 2 7 / 2 5 / 2

1 9 / 3) 5 8 / 3 / 2 8 / 2 7 / 1

1 0 / 6) 6 4 / 6 / 4 / 0 / 4

P 56 ~ 57

4주

빈칸에 알맞은 수를 써넣으세요.

1 0 / 4) 4 2 / 4 / 2 / 0 / 2

1 2 / 5) 6 3 / 5 / 1 3 / 1 0 / 3

2 4 / 3) 7 4 / 6 / 1 4 / 1 2 / 2

1 7 / 5) 8 6 / 5 / 3 6 / 3 5 / 1

2 7 / 3) 8 3 / 6 / 2 3 / 2 1 / 2

1 1 / 6) 7 0 / 6 / 1 0 / 6 / 4

2 4 / 4) 9 8 / 8 / 1 8 / 1 6 / 2

1 1 / 8) 9 0 / 8 / 1 0 / 8 / 2

1 3 / 7) 9 7 / 7 / 2 7 / 2 1 / 6

2일차 세로셈 (2)

각 자리의 위치를 맞추어 빈칸에 알맞은 수를 써넣으세요.

1 7 / 3) 5 3 / 3 / 2 3 / 2 1 / 2

2 6 / 2) 5 3 / 4 / 1 3 / 1 2 / 1

1 3 / 5) 6 9 / 5 / 1 9 / 1 5 / 4

1 5 / 6) 9 1 / 6 / 3 1 / 3 0 / 1

1 6 / 4) 6 6 / 4 / 2 6 / 2 4 / 2

2 2 / 3) 6 7 / 6 / 7 / 6 / 1

2 0 / 4) 8 3 / 8 / 3 / 0 / 3

1 9 / 2) 3 9 / 2 / 1 9 / 1 8 / 1

2 5 / 3) 7 7 / 6 / 1 7 / 1 5 / 2

각 자리의 위치를 맞추어 빈칸에 알맞은 수를 써넣으세요.

```
   11       26       13
4)47     3)79     6)80
  4        6        6
   7       19       20
   4       18       18
   3        1        2

   14       12       12
6)85     7)90     5)62
  6        7        5
  25       20       12
  24       14       10
   1        6        2

   10       10       12
8)84     9)93     8)97
  8        9        8
   4        3       17
   0        0       16
   4        3        1
```


벌레 먹은 나눗셈

빈칸에 알맞은 수를 써넣으세요.

```
   14       27       22
4)56     2)55     3)68
  4        4        6
  16       15        8
  16       14        6
   0        1        2

   16       29       14
5)83     3)89     6)84
  5        6        6
  33       29       24
  30       27       24
   3        2        0

   35       13       14
2)70     6)78     5)70
  6        6        5
  10       18       20
  10       18       20
   0        0        0
```

빈칸에 알맞은 수를 써넣으세요.

```
   25       17       16
3)76     5)85     3)48
  6        5        3
  16       35       18
  15       35       18
   1        0        0

   48       19       12
2)97     4)79     6)73
  8        4        6
  17       39       13
  16       36       12
   1        3        1

   13       14       17
5)67     7)98     4)70
  5        7        4
  17       28       30
  15       28       28
   2        0        2
```


검산식

나눗셈을 하고, 나눗셈의 계산 결과가 올바른지 검산하여 알아보세요.

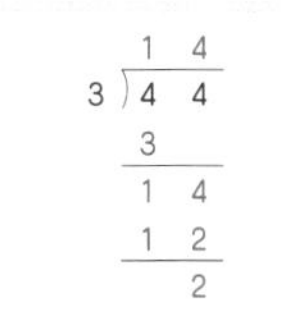

```
   14
3)44
  3
  14
  12
   2
```

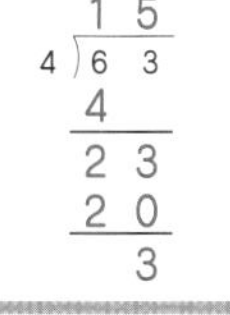

```
   15
4)63
  4
  23
  20
   3
```

검산 3 × 14 + 2 = 44 검산 4 × 15 + 3 = 63

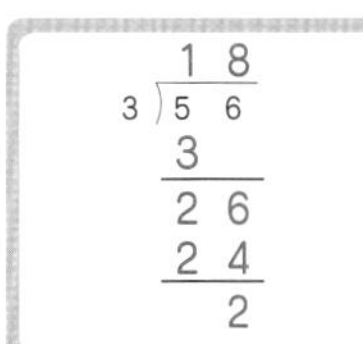

```
   18
3)56
  3
  26
  24
   2
```

```
   14
5)74
  5
  24
  20
   4
```

검산 3 × 18 + 2 = 56 검산 5 × 14 + 4 = 74

나눗셈의 검산을 할 때, (나누는 수) × (몫) + (나머지) = (나눠지는 수)가 됩니다.

정답

P 62 ~ 63

신나는 연산!

4주 월 일

나눗셈을 하고, 나눗셈의 계산 결과가 올바른지 검산하여 알아보세요.

$2\overline{)75}$ = 37 … 1 (6, 15, 14, 1)

검산 2 × 37 + 1 = 75

$5\overline{)66}$ = 13 … 1 (5, 16, 15, 1)

검산 5 × 13 + 1 = 66

$6\overline{)88}$ = 14 … 4 (6, 28, 24, 4)

검산 6 × 14 + 4 = 88

$4\overline{)95}$ = 23 … 3 (8, 15, 12, 3)

검산 4 × 23 + 3 = 95

검산식을 이용하여 □ 안에 알맞은 수를 써넣으세요.

67 ÷ 5 = 13 … 2 → 검산 5 × 13 + 2 = 67

93 ÷ 6 = 15 … 3 → 검산 6 × 15 + 3 = 93

59 ÷ 4 = 14 … 3 → 검산 4 × 14 + 3 = 59

64 ÷ 3 = 21 … 1 → 검산 3 × 21 + 1 = 64

53 ÷ 2 = 26 … 1 → 검산 2 × 26 + 1 = 53

99 ÷ 5 = 19 … 4 → 검산 5 × 19 + 4 = 99

62 소마셈 – C3

4주 – 받아내림이 있는 (두 자리 수)÷(한 자리 수) (2) 63

P 64 ~ 65

5일차 문장제

4주 월 일

다음을 읽고 알맞은 나눗셈식을 쓰고, 답을 구하세요.

한 상자에 10개씩 들어 있는 초콜릿이 9상자 있습니다. 이 초콜릿을 한 사람에게 7개씩 나누어 주면 몇 명에게 나누어 줄 수 있고, 몇 개가 남을까요?

식 : 10×9=90, 90 ÷ 7 = 12 … 6 　 12 명, 6 개

구슬 55개를 4명에게 똑같이 나누어 주었더니 몇 개가 남았습니다. 한 사람이 몇 개씩 가졌고, 몇 개가 남았을까요?

식 : 55÷4=13…3 　 13 개, 3 개

다음을 읽고 알맞은 나눗셈식을 쓰고, 답을 구하세요.

영기는 색종이 35장을 친구 3명에게 똑같이 나누어 주고 남은 것을 가지려고 합니다. 영기가 가지게 되는 색종이는 몇 장일까요?

식 : 35÷3=11…2 　 2 장

6인승 차에 3학년 학생 74명이 모두 나누어 타고 박물관을 가려고 합니다. 차는 적어도 몇 대가 필요할까요?

식 : 74÷6=12…2 　 13 대

64 소마셈 – C3

4주 – 받아내림이 있는 (두 자리 수)÷(한 자리 수) (2) 65

P 66 ~ 67

신나는 연산!

4주

다음을 읽고 알맞은 나눗셈식을 쓰고, 답을 구하세요.

사과 52개를 세 집이 똑같이 나누어 가졌더니 몇 개가 남았습니다. 한 집이 몇 개씩 가졌고, 몇 개가 남았을까요?

식 : 52÷3=17…1　　17 개, 1 개

한 봉지에 8장씩 들어 있는 색종이가 7봉지 있습니다. 이 색종이를 친구들에게 3장씩 나누어 선물하려고 합니다. 몇 명에게 줄 수 있고, 몇 장이 남을까요?

식 : 8×7=56, 56÷3=18…2　　18 명, 2 장

탁구공 93개를 한 상자에 8개씩 모두 담으려고 합니다. 남는 탁구공이 없이 모두 담으려면 상자는 적어도 몇 개 필요할까요?

식 : 93÷8=11…5　　12 개

다음을 읽고 알맞은 나눗셈식을 쓰고, 답을 구하세요.

경은이는 한 봉지에 9개씩 들어 있는 사탕 8봉지를 가지고 있습니다. 이 사탕을 5명의 친구들이 똑같이 나누어 먹고, 남는 것은 경은이가 먹으려고 합니다. 경은이가 먹게 되는 사탕은 몇 개일까요?

식 : 9×8=72, 72÷5=14…2　　2 개

과수원에서 수확한 포도 57송이를 한 상자에 2개씩 담으려고 합니다. 남는 포도가 없도록 모두 담으려면 상자는 적어도 몇 개가 필요할까요?

식 : 57÷2=28…1　　29 개

제과점에서 빵 87개를 한 봉지에 7개씩 넣어서 포장했습니다. 남은 빵은 몇 개일까요?

식 : 87÷7=12…3　　3 개

P 70 ~ 71

1주차 drill

받아내림이 없는 (두 자리 수)÷(한 자리 수) (1)

빈칸에 알맞은 수를 써넣으세요.

19 ÷ 5 = 3 … 4　　46 ÷ 6 = 7 … 4

26 ÷ 4 = 6 … 2　　33 ÷ 8 = 4 … 1

44 ÷ 5 = 8 … 4　　29 ÷ 3 = 9 … 2

13 ÷ 3 = 4 … 1　　19 ÷ 4 = 4 … 3

35 ÷ 4 = 8 … 3　　39 ÷ 9 = 4 … 3

32 ÷ 5 = 6 … 2　　38 ÷ 7 = 5 … 3

빈칸에 알맞은 수를 써넣으세요.

38 ÷ 8 = 4 … 6　　18 ÷ 4 = 4 … 2

47 ÷ 7 = 6 … 5　　28 ÷ 3 = 9 … 1

36 ÷ 5 = 7 … 1　　73 ÷ 8 = 9 … 1

46 ÷ 7 = 6 … 4　　83 ÷ 9 = 9 … 2

31 ÷ 6 = 5 … 1　　49 ÷ 5 = 9 … 4

75 ÷ 9 = 8 … 3　　35 ÷ 6 = 5 … 5

정답

P 72 ~ 73

1주차 drill

빈칸에 알맞은 수를 써넣으세요.

13 ÷ 2 = 6 … 1

17 ÷ 3 = 5 … 2

19 ÷ 3 = 6 … 1

23 ÷ 4 = 5 … 3

25 ÷ 4 = 6 … 1

26 ÷ 5 = 5 … 1

17 ÷ 4 = 4 … 1

31 ÷ 5 = 6 … 1

33 ÷ 5 = 6 … 3

33 ÷ 4 = 8 … 1

35 ÷ 4 = 8 … 3

38 ÷ 4 = 9 … 2

72 소마셈 - C3

빈칸에 알맞은 수를 써넣으세요.

19 ÷ 7 = 2 … 5

21 ÷ 6 = 3 … 3

23 ÷ 7 = 3 … 2

24 ÷ 7 = 3 … 3

25 ÷ 8 = 3 … 1

35 ÷ 9 = 3 … 8

31 ÷ 9 = 3 … 4

32 ÷ 7 = 4 … 4

33 ÷ 6 = 5 … 3

40 ÷ 6 = 6 … 4

27 ÷ 8 = 3 … 3

47 ÷ 8 = 5 … 7

Drill - 보충학습 73

P 74 ~ 75

1주차 drill

빈칸에 알맞은 수를 써넣으세요.

$\begin{array}{r} 7 \\ 2\overline{)15} \\ 14 \\ \hline 1 \end{array}$ $\begin{array}{r} 7 \\ 3\overline{)23} \\ 21 \\ \hline 2 \end{array}$ $\begin{array}{r} 6 \\ 3\overline{)19} \\ 18 \\ \hline 1 \end{array}$

$\begin{array}{r} 6 \\ 4\overline{)26} \\ 24 \\ \hline 2 \end{array}$ $\begin{array}{r} 9 \\ 2\overline{)19} \\ 18 \\ \hline 1 \end{array}$ $\begin{array}{r} 5 \\ 5\overline{)29} \\ 25 \\ \hline 4 \end{array}$

$\begin{array}{r} 6 \\ 5\overline{)31} \\ 30 \\ \hline 1 \end{array}$ $\begin{array}{r} 8 \\ 4\overline{)35} \\ 32 \\ \hline 3 \end{array}$ $\begin{array}{r} 9 \\ 3\overline{)28} \\ 27 \\ \hline 1 \end{array}$

74 소마셈 - C3

빈칸에 알맞은 수를 써넣으세요.

$\begin{array}{r} 4 \\ 6\overline{)26} \\ 24 \\ \hline 2 \end{array}$ $\begin{array}{r} 4 \\ 7\overline{)31} \\ 28 \\ \hline 3 \end{array}$ $\begin{array}{r} 5 \\ 6\overline{)35} \\ 30 \\ \hline 5 \end{array}$

$\begin{array}{r} 4 \\ 9\overline{)42} \\ 36 \\ \hline 6 \end{array}$ $\begin{array}{r} 3 \\ 7\overline{)27} \\ 21 \\ \hline 6 \end{array}$ $\begin{array}{r} 8 \\ 6\overline{)53} \\ 48 \\ \hline 5 \end{array}$

$\begin{array}{r} 8 \\ 7\overline{)57} \\ 56 \\ \hline 1 \end{array}$ $\begin{array}{r} 6 \\ 8\overline{)49} \\ 48 \\ \hline 1 \end{array}$ $\begin{array}{r} 3 \\ 9\overline{)28} \\ 27 \\ \hline 1 \end{array}$

Drill - 보충학습 75

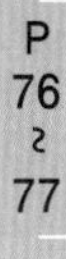

빈칸에 알맞은 수를 써넣으세요.

6 5)34 30 4	8 4)35 32 3	8 3)25 24 1
4 8)37 32 5	3 9)35 27 8	4 6)27 24 3
4 7)29 28 1	5 5)26 25 1	4 7)31 28 3

빈칸에 알맞은 수를 써넣으세요.

6 4)27 24 3	6 5)33 30 3	6 6)41 36 5
4 7)33 28 5	4 9)39 36 3	4 8)35 32 3
7 9)70 63 7	8 6)51 48 3	5 8)47 40 7

P
78
~
79

받아내림이 없는 (두 자리 수)÷(한 자리 수) (2)

나눗셈을 하여 빈칸에 몫과 나머지를 차례대로 써넣으세요.

÷2			÷4		
11	5	… 1	23	5	… 3
17	8	… 1	29	7	… 1
15	7	… 1	31	7	… 3
19	9	… 1	37	9	… 1

÷8			÷6		
25	3	… 1	26	4	… 2
27	3	… 3	31	5	… 1
50	6	… 2	29	4	… 5
47	5	… 7	44	7	… 2

나눗셈을 하여 빈칸에 몫과 나머지를 차례대로 써넣으세요.

÷3			÷5		
16	5	… 1	18	3	… 3
13	4	… 1	24	4	… 4
23	7	… 2	33	6	… 3
29	9	… 2	42	8	… 2

÷7			÷9		
17	2	… 3	20	2	… 2
22	3	… 1	30	3	… 3
39	5	… 4	50	5	… 5
50	7	… 1	60	6	… 6

P 80 ~ 81

나눗셈을 하여 빈칸에 몫과 나머지를 차례대로 써넣으세요.

÷3	16	10	22	29	26
몫	5	3	7	9	8
나머지	1	1	1	2	2

÷6	22	33	25	47	50
몫	3	5	4	7	8
나머지	4	3	1	5	2

÷7	15	24	50	45	66
몫	2	3	7	6	9
나머지	1	3	1	3	3

나눗셈을 하여 빈칸에 몫과 나머지를 차례대로 써넣으세요.

÷4	13	23	17	33	39
몫	3	5	4	8	9
나머지	1	3	1	1	3

÷8	20	47	27	60	73
몫	2	5	3	7	9
나머지	4	7	3	4	1

÷9	13	22	55	35	67
몫	1	2	6	3	7
나머지	4	4	1	8	4

P 82 ~ 83

빈칸에 알맞은 수를 써넣어 검산식을 완성하세요.

22 ÷ 4 = 5 ··· 2 ⟶ 검산 4 × 5 + 2 = 22

24 ÷ 5 = 4 ··· 4 ⟶ 검산 5 × 4 + 4 = 24

18 ÷ 7 = 2 ··· 4 ⟶ 검산 7 × 2 + 4 = 18

42 ÷ 8 = 5 ··· 2 ⟶ 검산 8 × 5 + 2 = 42

28 ÷ 3 = 9 ··· 1 ⟶ 검산 3 × 9 + 1 = 28

40 ÷ 6 = 6 ··· 4 ⟶ 검산 6 × 6 + 4 = 40

빈칸에 알맞은 수를 써넣어 검산식을 완성하세요.

31 ÷ 6 = 5 ··· 1 ⟶ 검산 6 × 5 + 1 = 31

15 ÷ 4 = 3 ··· 3 ⟶ 검산 4 × 3 + 3 = 15

37 ÷ 4 = 9 ··· 1 ⟶ 검산 4 × 9 + 1 = 37

57 ÷ 6 = 9 ··· 3 ⟶ 검산 6 × 9 + 3 = 57

55 ÷ 9 = 6 ··· 1 ⟶ 검산 9 × 6 + 1 = 55

57 ÷ 8 = 7 ··· 1 ⟶ 검산 8 × 7 + 1 = 57

P 84 ~ 85

2주차 drill

빈칸에 알맞은 수를 써넣어 검산식을 완성하세요.

28 ÷ 3 = 9 ⋯ 1 ⟶ 검산 3 × 9 + 1 = 28

35 ÷ 4 = 8 ⋯ 3 ⟶ 검산 4 × 8 + 3 = 35

26 ÷ 7 = 3 ⋯ 5 ⟶ 검산 7 × 3 + 5 = 26

15 ÷ 2 = 7 ⋯ 1 ⟶ 검산 2 × 7 + 1 = 15

26 ÷ 5 = 5 ⋯ 1 ⟶ 검산 5 × 5 + 1 = 26

32 ÷ 6 = 5 ⋯ 2 ⟶ 검산 6 × 5 + 2 = 32

빈칸에 알맞은 수를 써넣어 검산식을 완성하세요.

26 ÷ 5 = 5 ⋯ 1 ⟶ 검산 5 × 5 + 1 = 26

30 ÷ 4 = 7 ⋯ 2 ⟶ 검산 4 × 7 + 2 = 30

45 ÷ 7 = 6 ⋯ 3 ⟶ 검산 7 × 6 + 3 = 45

33 ÷ 8 = 4 ⋯ 1 ⟶ 검산 8 × 4 + 1 = 33

41 ÷ 9 = 4 ⋯ 5 ⟶ 검산 9 × 4 + 5 = 41

60 ÷ 8 = 7 ⋯ 4 ⟶ 검산 8 × 7 + 4 = 60

P 86 ~ 87

3주차 drill

받아내림이 있는 (두 자리 수)÷(한 자리 수) (1)

빈칸에 알맞은 수를 써넣으세요.

34 ÷ 2 = 17
20 ÷ 2 = 10
14 ÷ 2 = 7

56 ÷ 2 = 28
40 ÷ 2 = 20
16 ÷ 2 = 8

42 ÷ 3 = 14
30 ÷ 3 = 10
12 ÷ 3 = 4

72 ÷ 6 = 12
60 ÷ 6 = 10
12 ÷ 6 = 2

84 ÷ 7 = 12
70 ÷ 7 = 10
14 ÷ 7 = 2

72 ÷ 3 = 24
60 ÷ 3 = 20
12 ÷ 3 = 4

빈칸에 알맞은 수를 써넣으세요.

56 ÷ 4 = 14
40 ÷ 4 = 10
16 ÷ 4 = 4

38 ÷ 2 = 19
20 ÷ 2 = 10
18 ÷ 2 = 9

76 ÷ 4 = 19
40 ÷ 4 = 10
36 ÷ 4 = 9

91 ÷ 7 = 13
70 ÷ 7 = 10
21 ÷ 7 = 3

84 ÷ 6 = 14
60 ÷ 6 = 10
24 ÷ 6 = 4

96 ÷ 8 = 12
80 ÷ 8 = 10
16 ÷ 8 = 2

P 88 ~ 89

3주차 drill

빈칸에 알맞은 수를 써넣으세요.

2)42	21	4	2	2	0
3)45	15	3	15	15	0
5)85	17	5	35	35	0
4)52	13	4	12	12	0
5)60	12	5	10	10	0
6)72	12	6	12	12	0
8)96	12	8	16	16	0
7)77	11	7	7	7	0
4)60	15	4	20	20	0

88 소마셈 – C3

빈칸에 알맞은 수를 써넣으세요.

2)30	15	2	10	10	0
3)45	15	3	15	15	0
6)72	12	6	12	12	0
4)76	19	4	36	36	0
3)69	23	6	9	9	0
4)92	23	8	12	12	0
2)96	48	8	16	16	0
7)98	14	7	28	28	0
5)95	19	5	45	45	0

Drill – 보충학습 89

P 90 ~ 91

3주차 drill

빈칸에 알맞은 수를 써넣으세요.

2)58	29	4	18	18	0
3)45	15	3	15	15	0
6)84	14	6	24	24	0
5)75	15	5	25	25	0
7)91	13	7	21	21	0
8)96	12	8	16	16	0
6)72	12	6	12	12	0
3)84	28	6	24	24	0
4)72	18	4	32	32	0

90 소마셈 – C3

빈칸에 알맞은 수를 써넣으세요.

3)78	26	6	18	18	0
5)90	18	5	40	40	0
6)78	13	6	18	18	0
4)60	15	4	20	20	0
7)84	12	7	14	14	0
2)70	35	6	10	10	0
3)42	14	3	12	12	0
4)76	19	4	36	36	0
5)85	17	5	35	35	0

Drill – 보충학습 91

P 92 ~ 93

각 자리의 위치를 맞추어 빈칸에 알맞은 수를 써넣으세요.

```
  15      25      13
3)45    2)50    3)39
  3       4       3
  15      10       9
  15      10       9
   0       0       0

  32      13      23
2)64    4)52    3)69
  6       4       6
   4      12       9
   4      12       9
   0       0       0

  19      37      19
4)76    2)74    3)57
  4       6       3
  36      14      27
  36      14      27
   0       0       0
```


각 자리의 위치를 맞추어 빈칸에 알맞은 수를 써넣으세요.

```
  12      18      19
7)84    3)54    2)38
  7       3       2
  14      24      18
  14      24      18
   0       0       0

  23      14      15
2)46    7)98    5)75
  4       7       5
   6      28      25
   6      28      25
   0       0       0

  14      46      26
6)84    2)92    3)78
  6       8       6
  24      12      18
  24      12      18
   0       0       0
```

받아내림이 있는 (두 자리 수)÷(한 자리 수) (2)

P 94 ~ 95

빈칸에 알맞은 수를 써넣으세요.

```
  12      22      14
4)49    4)89    5)72
  4       8       5
   9       9      22
   8       8      20
   1       1       2

  14      36      12
6)88    2)73    5)64
  6       6       5
  28      13      14
  24      12      10
   4       1       4

  23      12      11
4)94    8)97    2)23
  8       8       2
  14      17       3
  12      16       2
   2       1       1
```


빈칸에 알맞은 수를 써넣으세요.

```
  27      15      33
3)82    3)46    2)67
  6       3       6
  22      16       7
  21      15       6
   1       1       1

  14      21      12
5)71    3)65    6)77
  5       6       6
  21       5      17
  20       3      12
   1       2       5

  11      12      13
7)83    8)98    6)81
  7       8       6
  13      18      21
   7      16      18
   6       2       3
```

P 96 ~ 97

각 자리의 위치를 맞추어 빈칸에 알맞은 수를 써넣으세요.

14 3)43 3 13 12 1	23 4)93 8 13 12 1	15 6)95 6 35 30 5
28 3)85 6 25 24 1	16 4)67 4 27 24 3	11 2)23 2 3 2 1
26 3)80 6 20 18 2	11 7)83 7 13 7 6	17 3)52 3 22 21 1

96 소마셈 - C3

각 자리의 위치를 맞추어 빈칸에 알맞은 수를 써넣으세요.

15 4)62 4 22 20 2	12 2)25 2 5 4 1	17 5)89 5 39 35 4
12 4)50 4 10 8 2	22 4)90 8 10 8 2	11 8)93 8 13 8 5
11 7)81 7 11 7 4	12 7)88 7 18 14 4	16 6)98 6 38 36 2

Drill - 보충학습 97

P 98 ~ 99

각 자리의 위치를 맞추어 빈칸에 알맞은 수를 써넣으세요.

13 4)53 4 13 12 1	14 6)87 6 27 24 3	12 5)62 5 12 10 2
24 3)74 6 14 12 2	17 4)71 4 31 28 3	34 2)69 6 9 8 1
11 7)80 7 10 7 3	12 6)73 6 13 12 1	13 4)53 4 13 12 1

98 소마셈 - C3

각 자리의 위치를 맞추어 빈칸에 알맞은 수를 써넣으세요.

19 2)39 2 19 18 1	11 4)47 4 7 4 3	14 4)57 4 17 16 1
14 5)72 5 22 20 2	17 5)87 5 37 35 2	11 8)92 8 12 8 4
24 3)73 6 13 12 1	13 7)93 7 23 21 2	14 6)87 6 27 24 3

Drill - 보충학습 99

P 100 ~ 101

빈칸에 알맞은 수를 써넣으세요.

24 3)73 6 13 12 1	12 4)49 4 9 8 1	39 2)79 6 19 18 1
17 5)87 5 37 35 2	29 2)58 4 18 18 0	32 3)97 9 7 6 1
45 2)91 8 11 10 1	17 4)69 4 29 28 1	15 5)75 5 25 25 0

100 소마셈 - C3

빈칸에 알맞은 수를 써넣으세요.

12 7)85 7 15 14 1	29 2)58 4 18 18 0	28 3)86 6 26 24 2
24 4)99 8 19 16 3	13 6)79 6 19 18 1	15 3)47 3 17 15 2
35 2)70 6 10 10 0	22 4)90 8 10 8 2	13 5)69 5 19 15 4

Drill - 보충학습 101

Note

Note

Note